Heinz Griesbach · Dora Schulz
Deutsche Sprachlehre für Auslä
Grundstufe, 1. Teil

Vollständiger Lehrgang der deutschen Sprache
von Heinz Griesbach und Dora Schulz

A group of words which must have the verb next to them.

Jetzt – Now – e.g. Jetzt bin ich hier.

Dann – Then.

Einmal – Once.

endlich – Finally

Hier – here.

Dort – there

Unten – Downstairs. down below.

plötzlich – suddenly.

natürlich – naturly.

Bald – soon.

spät – late.

schon – already.

Oft – often.

oben – above.

draussen – outside.

überall – everywhere.

nirgends – nowhere.

leise – still

Traurig – sad

Heute – today.

nebenan – next door

gestern – yesterday.

morgen – tomorrow.

übermorgen – the day after tomorrow

HEINZ GRIESBACH · DORA SCHULZ

Deutsche Sprachlehre für Ausländer

Grundstufe, 1. Teil

MAX HUEBER VERLAG

Bildquellenverzeichnis

Aero-Foto A. Schwarzer, M.-Gladbach: Abb. 9
Bavaria Verlag, Gauting: Abb. 13 Klaus Meier-Ude; 6 Ruth Hallensleben; 8 u. 14
Toni Schneiders; 3 Alfred Kloske; 4 Heinz Warnke; 12 Meta Köhler; 15 Fritz Eschen
Ingeborg Bertram, Frankfurt: Abb. 5
Hans Hartz, Hamburg: Abb. 1 u. 2
Keystone, München: Abb. 7 und 17 E. Glesmann
Klaus Lehnartz, Berlin: Abb. 16
Presse- und Informationsamt der Bundesregierung, Bonn: Abb. 11
Cl. Wolde, Düsseldorf: Abb. 10

ISBN 3-19-00.1004-8
1. Auflage der Neubearbeitung 1976
© 1976 Max Hueber Verlag München
Einbandzeichnung und Textillustrationen: Ulrik Schramm
Gesamtherstellung: C. H. Beck, Nördlingen
Printed in Germany

Vorwort

Mit diesem Buch geben die Verfasser Lehrern wie Schülern den ersten Teil einer
methodisch neu bearbeiteten Deutschen Sprachlehre für Ausländer an die Hand. Die
große Verbreitung, die das Lehrwerk seit seinem Erscheinen gefunden hat, beweist, daß
die Verfasser mit dieser Konzeption eines gründlichen und zuverlässigen Unterrichts-
werks für ‚Deutsch als Fremdsprache‘ auf dem richtigen Wege sind. Die eigenen lang-
jährigen Lehrerfahrungen und die vielfältige fördernde Kritik von Lehrerkollegen, die
damit arbeiten, ergaben eine Reihe von Gesichtspunkten zur methodischen Neubearbeitung der ‚Sprachlehre‘, denn dieses Lehrwerk möchte möglichst vielen Unterrichts-
situationen im In- und Ausland gerecht werden. Seine methodische Anlage erlaubt, daß
es sowohl in Intensivkursen mit einer großen Wochenstundenzahl als auch in Kursen
mit nur geringer Wochenstundenzahl gleichermaßen erfolgreich eingesetzt werden
kann.

Dieses Buch ist Teil eines vollständigen Lehrgangs der deutschen Sprache und
bietet so dem Lernenden die Möglichkeit, im Weiterstudium bis zu ihrer größtmög-
lichen Beherrschung vorzudringen. Dieser Lehrgang macht sich die letzten Ergebnisse
der Untersuchungen über eine optimale Didaktik der deutschen Sprache zunutze und
führt auf einem gesicherten Weg zum Ziel. Die Strukturen des Deutschen werden nicht
nur für sich, sondern stets auch mit Rücksicht auf die strukturellen Gegebenheiten
anderer Sprachen dargestellt, denn nur auf diesem Weg kann der ausländische Lernende
die Beherrschung des Deutschen wirklich erreichen.

Der Gesamtlehrgang teilt sich in zwei Stufen, in die Grundstufe (Teil 1 und Teil 2) und
in die Mittelstufe*. Die Grundstufe vermittelt in erster Linie den Formenbestand des
Deutschen und dessen Gebrauch, während sich die Mittelstufe vorwiegend mit dem
Satz beschäftigt, wobei der Satz mit seiner veränderbaren inneren Struktur als Bauteil
der größeren sprachlichen Einheit, der Rede, aufgefaßt wird.

Allen Lehrstücken liegt ein situationsbezogener Text zugrunde, dessen Wort- und Aus-
drucksmaterial der deutschen Standardsprache entnommen ist. Die Texte machen den
Lernenden zunächst mit dem Wortschatz bekannt, der ihm die Verständigung in der
unmittelbaren Schulsituation und im Alltag ermöglicht, und führen ihn dann im Ver-
lauf des Lehrgangs systematisch weiter in alle Bereiche modernen Lebens innerhalb
des deutschsprachigen Raumes. Auf diese Weise wird der Lernende sinnvoll auf
schwierigere Lektüre (Sachtexte und Zeitungstexte) vorbereitet und in die Lage versetzt,
sich sprachlich mit den Problemen modernen Lebens auseinanderzusetzen.

---

* Deutsche Sprachlehre für Ausländer, Mittelstufe, Moderner Sprachgebrauch, Hueber-
Nr. 1010: Lehrerheft, Hueber-Nr. 2.1010: Schülerheft, Hueber-Nr. 3.1010.

Dieser Lehrgang vermittelt dem Sprachschüler nicht nur eine gründliche Kenntnis der deutschen Sprache, sondern auch eine Einsicht in das Phänomen Sprache überhaupt und weckt damit in ihm ein größeres Verständnis seiner eigenen Muttersprache, denn auch dies sollte mit der Sinn des Sprachenlernens sein.

Die Verfasser haben den Wunsch, daß dieses Lehrbuch und mit ihm das ganze Unterrichtswerk weiterhin eine gute und wohlwollende Aufnahme finden möge und daß Lehrer wie Schüler mehr und mehr Freude an der Spracharbeit gewinnen.

Die Verfasser

Zur Einführung für den Lehrer

Die Deutsche Sprachlehre für Ausländer, Grundstufe, Teil 1, führt den ausländischen Sprachschüler in die deutsche Sprache ein und macht ihn mit dem Formenbestand des Deutschen vertraut. Weiter lehrt sie den Gebrauch der Formen innerhalb des Satzes und zeigt die Funktionen des Subjekts und der Objekte wie auch die Bildung der einfachen Gefüge dieser Satzglieder (Attribute, Attributsätze) und die Entfaltung einiger Satzglieder zu Gliedsätzen. Die Erklärung anderer syntaktischer Beziehungen ist zunächst zurückgestellt worden zugunsten der Festigung des hier erarbeiteten Sprachstoffes. Übersichten und Tabellen zeigen deutlich den Bau des deutschen Satzes, dessen innere strukturelle Flexibilität für das Deutsche so charakteristisch ist und den Sprachschülern besondere Aufmerksamkeit abverlangt. Am Ende dieses Lehrbuchs soll der Sprachschüler fähig sein, sich in Alltagssituationen sprachlich zurechtzufinden und sich in einfachen Sätzen richtig auszudrücken.

Der Lehrstoff ist in fünfzehn Lehrabschnitte aufgeteilt. Jeder Lehrabschnitt bringt einen Einführungstext, mit dem anhand von Situationsbildern der wichtigste neue Wortschatz eingeführt wird, einen Arbeitstext, der die Anwendung der neuen grammatischen Strukturen zeigt, und einen kurzen Dialogtext, der die sprachliche Bewältigung einer gegebenen Gesprächssituation beispielhaft vorführt. Alle Texte sind so abgefaßt, daß sie nur solche sprachlichen Strukturen enthalten, die dem Sprachschüler aus dem bis dahin erarbeiteten Sprachstoff bekannt sind.

Der Grammatik- und Übungsteil ist so angeordnet, daß nach jeder Grammatikregel die entsprechenden Übungen folgen. Um den Grammatikstoff zu verstehen und das Wortmaterial zu festigen, sollten diese Übungen möglichst auch schriftlich durchgeführt werden. Bei der Einführung eines neuen Grammatikstoffes dürfte bei den Sprachschülern nicht immer die Kenntnis der neu auftretenden grammatischen Bezeichnungen vorausgesetzt werden. Deshalb sollte der neue Stoff so eingeführt werden, daß die Sprachschüler an Beispielen die noch unbekannte grammatische Struktur erkennen und ableiten können und erst danach die grammatische Bezeichnung dafür erfahren. Die im Lehrbuch gegebene grammatische Regel ist das Ergebnis der didaktischen Bemühungen des Lehrers und nicht ihr Ausgangspunkt. Dieses didaktische Vorgehen ist deshalb notwendig, weil bei den verschiedenen Ausgangssprachen gleich oder ähnlich lautende grammatische Termini meistens andere sprachliche Fakten zum Inhalt haben als im Deutschen. (Vgl. die Bezeichnungen der Zeitformen bei den Verben.) Deshalb sollten auch die im Lehrbuch gegebenen Termini nicht ‚übersetzt', sondern so wie angegeben verwendet werden. Eine Übersetzung würde die grammatischen Fakten im Deutschen verschleiern und damit zusätzlich Interferenzschwierigkeiten verursachen. Bei der Durchnahme der Übungen sollte sich der Lehrer nicht allein mit der Lösung des betreffenden grammatischen Problems zufrieden geben. Es sollten Fragen zu möglichst vielen Übungssätzen gestellt werden, so daß die ermittelte Form von mehreren Schülern benutzt wird und sich so dem Gedächtnis besser einprägt.

Die zusätzlichen Texte im Anschluß an den Grammatikteil jedes Lehrabschnitts behandeln ein bestimmtes Sachgebiet und sollen der Erweiterung des Wortschatzes dienen. Die Durcharbeit dieser Texte soll im gleichen didaktischen Verfahren durchgeführt werden wie bei den Arbeitstexten am Anfang der Lehrabschnitte. Die anschließenden Übungen sind meistens ‚Dialogübungen' oder greifen bereits bekannten Sprachstoff in neuen Zusammenhängen oder Gegenüberstellungen wieder auf. Jeder Lehrabschnitt schließt mit Fragen zum Leseverständnis des Arbeitstextes ab.

Inhaltsverzeichnis und Stoffplan

11

Anhang

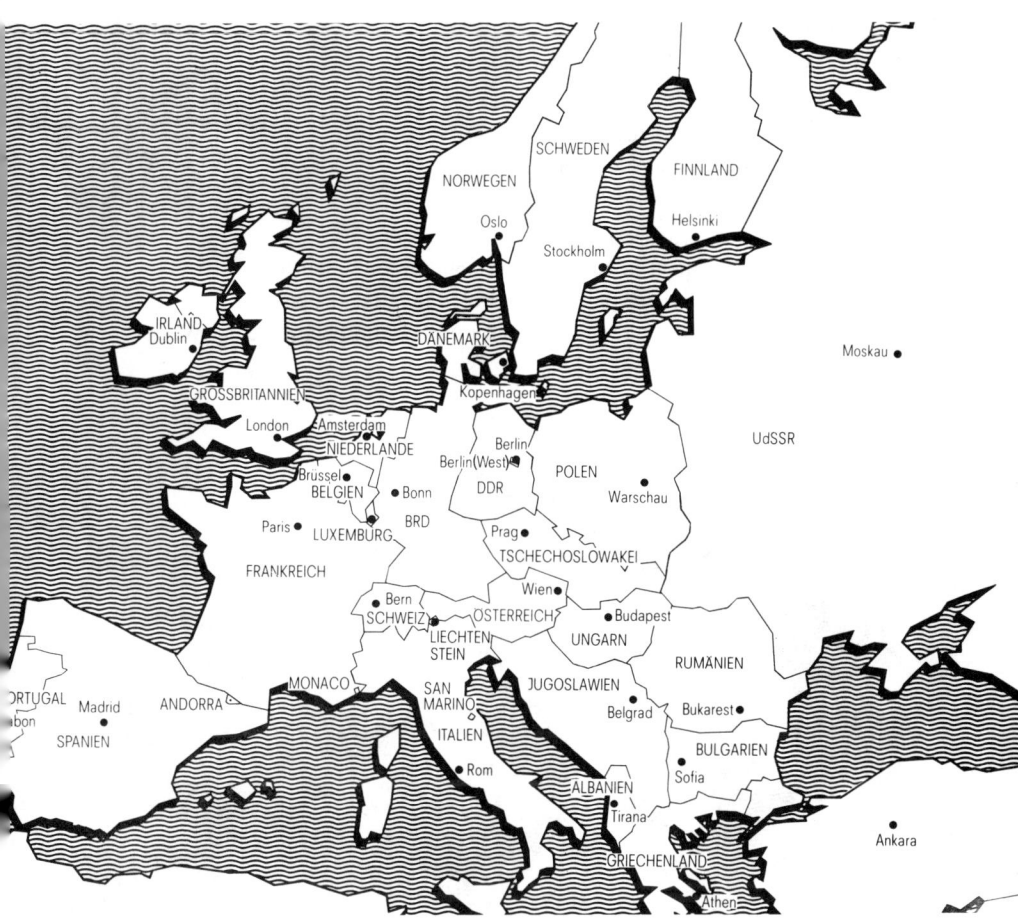

Die Landkarte

Hier ist eine Karte; das ist eine Landkarte von Europa. Hier liegt die **Bundesrepublik Deutschland** und hier liegt die **Deutsche Demokratische Republik**. Und da ist Frankreich. Frankreich liegt in Westeuropa. Die Bundesrepublik Deutschland und die Deutsche Demokratische Republik liegen in Mitteleuropa.

Hier ist Ungarn. Ungarn liegt in Osteuropa. Schweden und Norwegen liegen in Nordeuropa. Spanien, Italien und Griechenland liegen in Südeuropa.

Liegt Frankreich in Westeuropa? –
Ja, Frankreich liegt in Westeuropa.
Liegt die Bundesrepublik in Westeuropa?

13

Liegt Polen in Osteuropa?
Liegt Griechenland in Südeuropa?
Liegt Italien auch in Südeuropa?

Dänemark liegt in Nordeuropa.
Wo liegen Schweden und Norwegen?
Wo liegen Spanien und Italien?

Liegt Portugal in Nordeuropa? –
Nein, Portugal liegt nicht in Nordeuropa, sondern in Südeuropa.
Liegt Dänemark in Südeuropa? – Liegt Polen in Westeuropa?
Liegt England in Osteuropa?   – Liegen Finnland und Schweden in Westeuropa?

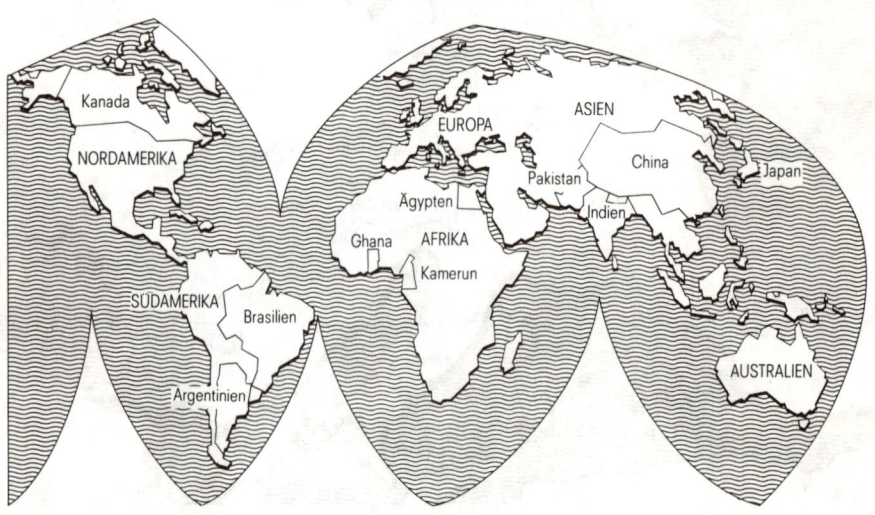

Das ist eine Weltkarte. Hier ist Amerika, und da ist Australien. Japan und Indien liegen in Asien. Ägypten liegt in Afrika. Kanada und Argentinien liegen in Amerika: Kanada liegt in Nordamerika, und Argentinien liegt in Südamerika.

Europa, Amerika, Asien, Afrika und Australien sind Kontinente.

Wo liegt Kanada?   – Wo liegen Brasilien und Argentinien?
Wo liegt China?   – Wo liegen Indien und Pakistan?
Wo liegt Ägypten?   – Wo liegen Ghana und Kamerun?

Frankreich ist ein Staat, und Polen ist auch ein Staat.
Frankreich und Polen sind Staaten.

14

Bonn ist eine Stadt. Paris ist auch eine Stadt. Bonn und Paris sind Städte.
Ist Griechenland ein Staat? – Ja, Griechenland ist ein Staat.
Ist Rom auch ein Staat? – Nein, Rom ist kein Staat; Rom ist eine Stadt.

Hier sind deutschsprachige Länder: die Bundesrepublik Deutschland, die Deutsche Demokratische Republik, Österreich und die (Zentral-) Schweiz.

In der Schule

Das ist Rita Bartolini.
Sie kommt aus Italien.
Sie lernt hier Deutsch.

Das ist Richard Robertson.
Er kommt aus England.
Er lernt auch Deutsch.
Er arbeitet viel.

Das ist Peter Karlis.
Er kommt aus Griechenland.
Er lernt hier auch Deutsch.
Er arbeitet wenig,
aber er lernt schnell.

„Peter, du arbeitest nicht viel,
aber ich arbeite immer.
Du bist faul,
und ich bin fleißig."

„Nein, das ist nicht richtig.
Das ist falsch.
Du lernst langsam,
und ich lerne schnell."

Die Schüler gehen in die Klasse.
Die Schülerinnen gehen auch in die Klasse.
Richard, Peter und Rita gehen
zusammen in die Klasse.

Jetzt kommt der Lehrer.
„Guten Tag! Mein Name ist
Hans Müller.
Wir arbeiten heute zusammen.
Wir lernen Deutsch."

„Ich bin Rita Bartolini.
Bitte, bin ich hier richtig?
Meine Lehrerin ist Frau Becker.
Aber sie ist nicht hier."

„Ja, Fräulein Bartolini, Sie sind
hier richtig.
Frau Becker kommt heute nicht.
Sie ist krank.
Heute bin ich der Lehrer."

Herr Müller fragt: „Wo ist das Heft?"
Rita antwortet: „Das Heft liegt hier."
Herr Müller fragt, und Rita antwortet.
Er fragt, und sie antwortet.

Wir lernen Deutsch

Rita: Guten Tag! Ich bin Rita Bartolini. Ich lerne hier Deutsch.

Richard: Ich bin Richard Robertson. Ich komme aus England. Und das ist mein Freund Peter Karlis, er kommt aus Griechenland.

Rita: So, ihr seid Freunde. Arbeitet ihr oft zusammen?

Richard: Ja, aber ich arbeite viel, und Peter arbeitet wenig. Ich sage immer: „Peter, du bist faul, und ich bin fleißig."

Peter: Das sagst du! Aber das ist nicht richtig. Du lernst langsam, und ich lerne schnell.

Die Schüler und Schülerinnen gehen in die Klasse. Ein Lehrer kommt.

Lehrer: Guten Tag! Mein Name ist Hans Müller.

Rita: Ich denke, eine Lehrerin kommt in die Klasse. Kommt sie nicht?

Lehrer: Nein, Frau Becker kommt heute nicht. Sie ist krank. Heute arbeiten wir zusammen. Ich frage – und Sie antworten; oder Sie fragen – und ich antworte. – Wo ist das Buch? – Herr Karlis, bitte!

Peter: Hier ist das Buch.

Lehrer: Wo liegen die Hefte? Herr Robertson!

Richard: Die Hefte liegen hier.

Lehrer: Richtig, danke!

Rita: Und da liegen zwei Bleistifte.

Lehrer: Ja, gut, Fräulein . . . . .

Rita: Bartolini. Ich bin Rita Bartolini.

```
fragen        – die Frage
antworten     – die Antwort
arbeiten      – die Arbeit

der Schüler   – die Schülerin   – die Schule
der Lehrer    – die Lehrerin
der Freund    – die Freundin

Herr Müller  – Frau Becker    – Fräulein Bartolini

fleißig  – faul       viel     – wenig
schnell  – langsam    richtig  – falsch
```

Der Artikel

Singular	maskulin	neutral	feminin
bestimmt	**der** Lehrer	**das** Heft	**die** Stadt
unbestimmt	**ein** Lehrer	**ein** Heft	**eine** Stadt
negativ	**kein** Lehrer	**kein** Heft	**keine** Stadt

Plural		
bestimmt	**die** Lehrer (Hefte, Städte)	
unbestimmt	Lehrer (Hefte, Städte)	
negativ	**keine** Lehrer (Hefte, Städte)	

Übung 1 (eins)

a) der, das, die?

..... Antwort	..... Herr	*die* Lehrerin
der Bleistift	*der* Heft	*der* Name
..... Buch	*die* Karte	*der* Schüler
..... Frage	*der* Kontinent	*die* Schülerin
..... Frau	*das* Land	*der* Staat
..... Freund	*die* Landkarte	..... Stadt
..... Freundin	*der* Lehrer	*die* Übung

b) ein, eine?

ein Bleistift	*ein* Kontinent	*eine* Übung
eine Frau	*ein* Freund	*ein* Name
eine Stadt	*ein* Herr	*eine* Karte

eine. Schülerin   _eine_. Freundin   _ein_. Heft
eine. Antwort   _ein_. Staat   _ein_. Lehrer
eine. Landkarte   _ein_. Buch   _eine_ Frage

Übung 2 (zwei)

a) der, das, die?

Der. Lehrer und _die_. Lehrerin   _Das_. Heft und _das_ Buch
Die. Frage und _die_ Antwort   _Der_. Freund und _die_. Freundin
Die. Stadt, _Das_. Land und _der_. Kontinent

b) ein, eine?

eine. Freundin und _ein_. Freund   _eine_. Lehrerin und _ein_ Schüler
ein. Heft und _ein_. Bleistift   _eine_ Frage und _ein_ Antwort
Die Bundesrepublik ist _ein_. Staat, Europa ist _ein_. Kontinent.

Das Verb

Präsens

Rita _sagt_: „Ich _denke_, heute _kommt_ eine Lehrerin." – Herr Müller _antwortet_: „Nein,
heute _arbeiten_ wir zusammen."
Lernst du Deutsch? – _Arbeitest_ du heute? – Ja, ich _arbeite_ heute.
Ihr _lernt_ viel, und ihr _antwortet_ richtig.

a) fragen			b) antworten		
ich	frag-e	**-e**	ich	antwort-e	**-e**
du	frag-st	**-st**	du	antwort-est	**-est**
er (es, sie)	frag-t	**-t**	er (es, sie)	antwort-et	**-et**
wir	frag-en	**-en**	wir	antwort-en	**-en**
ihr	frag-t	**-t**	ihr	antwort-et	**-et**
sie (Sie)	frag-en	**-en**	sie (Sie)	antwort-en	**-en**
a) denken, gehen, lernen, liegen, kommen, sagen			b) arbeiten		

Übung 3 (drei)

Lernt Richard Deutsch?	Ja, er lernt Deutsch.

1. Arbeitet er viel?   Ja, er _arbeitet_ _viel_
2. Geht Rita jetzt in die Klasse?   Ja, sie _geht jetzt in die Klasse_

3. Arbeiten Richard und Peter oft zusammen? Ja, sie *arbeiten oft zusammen*

4. Antworten die Schüler immer richtig? Ja, sie ....

5. Antwortet Peter auch richtig? Ja, er *antwortet auch richtig*

6. Kommt Richard aus England? Ja, er *kommt aus England*

7. Fragen Rita und Peter viel? Ja, sie *fragen viel*

Übung 4 (vier)

a) Ich frage, und du antwortest.

1. Du *fragst* und wir *antworten*
2. Wir *fragen* und ihr *antwortet*
3. Er *fragt*, und Sie *antworten*
4. Ihr *fragt*, und er *antwortet*
5. Sie *fragen*, und ich *antworte*

b) Sie kommen heute und arbeiten.

1. Du *kommst* heute und *arbeitest*
2. Wir *kommen* heute und *arbeiten*
3. Er *kommt* heute und *arbeitet*
4. Ihr *kommt* heute und *arbeitet*
5. Sie *kommen* heute und *arbeiten*

sein

ich	bin	wir	sind	Das Verb **sein**
du	bist	ihr	seid	ist unregelmäßig.
er (es, sie)	ist	sie (Sie)	sind	*unregelmäßig*

Übung 5 (fünf)

Sind Sie oft hier?	Ja, ich bin oft hier.

1. Sind Sie der Lehrer? Nein, ich *bin* ein Schüler.

2. Sind Richard und Peter auch Schüler? Ja, sie *sind* auch Schüler.

3. Ist Fräulein Bartolini eine Schülerin? Ja, sie *ist* eine Schülerin.

4. Seid ihr oft zusammen? Ja, wir *sind* oft zusammen.

5. Ist Frau Becker heute hier? Nein, sie *ist* heute nicht hier.

6. Ist die Antwort richtig? Ja, sie *ist* richtig.

Übung 6 (sechs) ich bin, du bist, er (es, sie) ist ...

1. Frau Becker *ist* heute nicht hier. **2.** Sie *ist* krank. **3.** Du *bist* nicht aus Paris. **4.** Ihr *seid* Freunde; *seid* ihr oft zusammen? **5.** Richard und Peter *sind* Schüler. **6.** Rita *ist* eine Schülerin. **7.** *Bist* du mein Freund, Peter? **8.** Ja, und du, Richard, *bist* du auch mein Freund? **9.** Ja, wir *sind* Freunde.

Personalpronomen

maskulin:	er	Lernt **der Schüler** Deutsch?	Ja, **er** lernt Deutsch.
		Wo ist **der Bleistift**?	**Er** ist hier.
neutral:	es	Kommt **das Kind** heute?	Ja, **es** kommt heute.
		Liegt **das Buch** da?	Ja, **es** liegt da.
feminin:	sie	Arbeitet **Frau Becker** nicht?	Nein, **sie** arbeitet nicht.
		Wo ist **Fräulein Bartolini**?	**Sie** ist nicht hier.
		Wo liegt **die Stadt Wien**?	**Sie** liegt in Österreich.

Übung 7 (sieben)

Wo ist das Buch? – Es ist hier.

1. Wo liegt das Heft? – *Es* liegt hier. **2.** Liegt der Bleistift auch hier? – Nein, *er* liegt nicht hier. **3.** Kommt Frau Becker? – Nein, *sie* kommt nicht. **4.** Ist das Kind fleißig? – Ja, *es* ist fleißig. **5.** Fragt Herr Müller viel? – Ja, *er* fragt viel. **6.** Ist das Buch gut? – Ja, *es* ist gut. **7.** Arbeitet Peter viel? – Nein, *er* arbeitet nicht viel. **8.** Ist die Antwort immer richtig? – Nein, *sie* ist nicht immer richtig. **9.** Ist das Kind krank? – Nein, *es* ist nicht krank. **10.** Lernt Rita auch Deutsch? – Ja, *sie* lernt auch Deutsch. **11.** Ist Fräulein Bartolini heute hier? – Ja, *sie* ist heute hier. **12.** Wo ist mein Bleistift? – Hier liegt *er*. **13.** Arbeitet Peter heute? – Nein, heute arbeitet *er* nicht. **14.** Wo liegt die Bundesrepublik Deutschland? – *Sie* liegt in Mitteleuropa.

	Peter, Rita und ich sind Freunde.	
du	Ich frage Peter:	Lernst **du** Deutsch?
ihr	Ich frage Peter und Rita:	Lernt **ihr** Deutsch?
	Stefan ist ein Kind, Ingrid ist auch ein Kind.	
du	Herr Müller fragt Stefan:	Lernst **du** Deutsch?
ihr	Herr Müller fragt Stefan und Ingrid:	Lernt **ihr** Deutsch?
Sie	Herr Müller fragt Peter Karlis:	Lernen **Sie** Deutsch?
	Er fragt Peter Karlis und Rita Bartolini:	Lernen **Sie** Deutsch?

Übung 8 (acht)

1. Peter ist mein Freund. Ich frage Peter: „Arbeit*est du* viel? – Lern*st* *du* Deutsch? – Komm*st* *du* aus England?" **2.** Richard und ich sind auch Freunde. Ich frage Peter und Richard: „Arbeit*et* *Sie* oft zusammen? – Lern*en* *Sie* viel? –

Antwort *t* ..*sie* immer richtig?" **3.** Der Lehrer fragt Peter Karlis: „Komm*en* ..*Sie*
aus England? – Lern *en* ..*Sie* hier Deutsch? – Geh *en* .*Sie* in die Klasse?" **4.** Frau
Becker fragt Peter Karlis und Rita Bartolini: „Arbeit*et* .*ihr* immer viel? – Lern
t .*ihr* oft zusammen? – Komm *t* ..*ihr* heute nicht?"

Verb. + Adjektiv

Richard	ist	fleißig.	Der Schüler	arbeitet	fleißig.
Aber er	ist	langsam,	und er	lernt	langsam.
Die Antwort	ist	falsch.	Peter	antwortet	oft falsch.
Die Antwort	ist	richtig.	Richard	antwortet	nicht immer richtig.
Die Frage	ist	gut.	Herr Müller	fragt	gut.

Übung 9 (neun)

schnell = quickly. *wenig + kein = little.*
viel = much. *krank = ill.*

Peter lernt Deutsch.	Ich lerne auch Deutsch.

1. Rita arbeitet viel.   Wir ..*arbeiten*..*auch.viel*.
2. Ich lerne schnell.   Peter .*lernt*.*auch.snell*.
3. Wir gehen in die Klasse.   Er .*geht*.*auch.in.die.Klasse*.
4. Die Hefte liegen hier.   Das Buch .*liegt*.*auch.hier*.
5. Ich bin fleißig.   Ihr .*seid*.*auch.fleißig*.
6. Sie üben viel.   Du .*übst*.*auch.viel*.

Übung 10 (zehn)

Ist die Antwort richtig?	Nein, sie ist nicht richtig.

1. Arbeitet Peter fleißig?   .*Nein, er.arbeitet*.....
2. Ist die Antwort falsch?   .*Nein., sie. ist*.........
3. Antwortet Rita langsam?   .*Nein., sie. ist*.........
4. Liegt das Buch hier?   .*Nein, es. liegt*.........
5. Lernt Richard schnell?   .*Nein, er. lernt*.........
6. Fragen die Schüler viel?   .*Nein., sie. fragen*.......

Ist die Antwort richtig?	Nein, sie ist falsch.

7. Lernt Richard schnell?   *Nein, er. lernt. langsam*
8. Antwortet Rita langsam?   .*Nein, sie. antwortet. fleißig*

9. Fragt Herr Müller wenig? *Nein, er fragt viel.*
10. Ist die Antwort falsch? *Nein, es ist richtig.*
11. Ist Peter fleißig? *Nein, er ist langsam.*

Übung 11 (elf)

Lernen Sie Deutsch? Lernst du Deutsch?	Ja, ich lerne Deutsch.

1. *Kommst du aus Amerika?* Ja, ich komme aus Amerika.
2. *Arbeitest du viel?* Ja, ich arbeite viel.
3. *Lernst du schnell?* Ja, ich lerne schnell.
4. *Gehst du auch in die Klasse?* Ja, ich gehe auch in die Klasse.
5. *Bist du krank?* Nein, ich bin nicht krank.
6. *Antwortest du immer richtig?* Nein, ich antworte nicht immer richtig.

Übung 12 (zwölf)

Liegt Belgien in Nordeuropa?	Nein, es liegt nicht in Nordeuropa, sondern in Westeuropa.

1. Bist du Robert? Nein, ich *bin nicht Robert sondern* Peter.
2. Sind Sie aus Paris? Nein, ich *bin nicht* aus London.
3. Kommt Peter aus England? Nein, er *kommt* aus Griechenland.
4. Arbeitet Herr Müller in London? Nein, er *arbeitet nicht* hier.
5. Kommt heute Frau Becker in die Klasse? Nein, sie *kommt heute nicht* Herr Müller.
6. Liegen die Bücher da? Nein, sie *liegen nicht* hier.

Übung 13 (dreizehn) *Fragen zum Text*
1. Kommt Richard Robertson aus England? 2. Kommt Peter Karlis auch aus England? 3. Richard lernt Deutsch. Und Peter? 4. Arbeiten sie oft zusammen? 5. Arbeitet Peter viel? 6. Lernt er schnell? 7. Ist er fleißig? 8. Peter ist faul, sagt Richard. Ist das richtig? 9. Kommt ein Lehrer oder eine Lehrerin in die Klasse? 10. Frau Becker kommt heute nicht. Ist sie krank? 11. Lernen Richard, Peter und Rita zusammen Deutsch?

Keine — Noun - I have keine money.

Nicht - Verb - I am not going.

Im Klassenzimmer

Hier ist ein Klassenzimmer.
Rechts ist die Tür, und links sind
drei Fenster. Vorn ist die Tafel.
Da hängt auch eine Landkarte.

Wir haben hier fünf Tische
und viele Stühle.
„Haben Sie keinen Stuhl, Herr Karlis?
Dort ist noch ein Stuhl."

„Ich heiße Hans Müller.
Und wie heißen Sie?"
„Ich heiße Richard Robertson."

„Was habe ich hier? Drei Bleistifte?"
„Nein, Sie haben zwei Bleistifte
und einen Kugelschreiber."
„Haben Sie auch einen Bleistift?
Bitte zeigen Sie den Bleistift!"

Herr Müller sagt: „Bitte schreiben Sie!"
Die Schüler schreiben einen Satz.
Richard versteht ein Wort nicht.
Er fragt Herrn Müller.

Der Lehrer macht Beispiele.
Der Mann ist groß. – Das Kind ist klein.
Der Bleistift ist lang, – und der ist kurz.
Das sind zwei Beispiele.

„Gut, aber hier ist ein Fehler,
Fräulein Bartolini.
Es heißt ‚die Stühle'. Bitte wiederholen Sie!
Bitte, verbessern Sie den Fehler!"

Der Unterricht

Die Schüler hören, wiederholen und schreiben Wörter und Sätze. Dann sagt Herr Müller:

Lehrer: Danke, sehr gut! Jetzt frage ich, und Sie antworten. *(Er zeigt ein Buch.)* Was habe ich hier, Herr Robertson?
Richard: Sie haben ein Buch.
Lehrer: Richtig! Und jetzt, was habe ich jetzt? *(Er zeigt zwei Bücher.)*
Richard: Zwei Bücher.
Lehrer: Sehr gut! Das Buch – und die Bücher! Lernen Sie immer den Artikel und den Plural! Dann machen Sie keine Fehler. – Ja, Fräulein Bartolini?
Rita: Wie heißt das, Herr Müller? *(Sie zeigt einen Kugelschreiber.)*
Lehrer: Das ist ein Kugelschreiber. Was haben Sie, Fräulein Bartolini?
Rita: Ich habe einen Kugelschreiber.
Lehrer: Gut! – Jetzt bilden wir Sätze. Bitte, Herr Karlis!
Peter: Ich habe auch einen Kugelschreiber.
Richard: Mein Bleistift ist lang.
Peter: Mein Bleistift ist nicht lang, er ist . . . . .
Lehrer: Er ist kurz.
Rita: Ich habe keinen Bleistift, sondern einen Kugelschreiber.
Lehrer: Richtig, sehr gut, danke! Jetzt machen wir eine Pause.

Herr Müller diktiert einen Satz: „Asien ist groß, Europa ist klein." Die Schüler schreiben den Satz. Richard Robertson fragt Herrn Müller: „Was heißt ‚klein', bitte? Ich verstehe das Wort nicht." Aber der Lehrer erklärt das Wort nicht, sondern er schreibt ein Beispiel an die Tafel:

Der Mann ist groß. – Das Kind ist klein.

Die Schüler lernen viele Wörter und bilden Sätze. Aber sie machen noch Fehler. Herr Müller verbessert die Fehler.

Der Unterricht dauert eine Stunde. Dann sagt Herr Müller: „Jetzt ist der Unterricht aus. Auf Wiedersehen!" Die Schüler schließen die Bücher und die Hefte und gehen nach Hause.

groß – klein	Wie *heißt* das?	
rechts – links	Was *heißt* ‚klein', bitte?	
lang – kurz	Der Lehrer *heißt* Hans Müller.	
	Wie *heißen* Sie? – Wie *heißt* du?	

Der Lehrer sagt	dann: „Sehr gut!"	Dann sagt	*der Lehrer*: „Sehr gut!"
Die Tür	ist rechts.	Rechts ist	*die Tür*.
Du	sagst das!	Das	sagst *du*!
Wir	lernen jetzt zusammen.	Jetzt lernen	*wir* zusammen.

guten Morgen! – guten Tag! – auf Wiedersehen!   bitte! – danke!

Das Nomen (das Substantiv)

Singular und Plural

Singular	Plural	Beispiele	
der Lehrer	die Lehrer	der Fehler, das Fenster, der Kugel-schreiber, der Schüler, das Zimmer	–
das Heft	die Hefte	der Abschnitt, das Beispiel, der Bleistift, der Freund, der Tisch	– e
der Satz	die Sätze	die Stadt, der Stuhl	" e
das Kind	die Kinder		– er
das Wort	die Wörter	das Buch, das Haus, das Land	" er
die Antwort	die Antworten	die Frau, der Herr, die Republik, der Staat, die Übung	– en
die Frage	die Fragen	die Karte, die Klasse, der Name, die Pause, die Schule, die Stunde – die Tafel	– n
die Lehrerin	die Lehrerinnen	die Schülerin, die Freundin	– nen

Übung 1 *Wie heißen die Artikel und die Pluralformen?*

.Die. Antwort *en*	..... Freund	..... Kontinent	..... Stuhl
..... Beispiel	..... Freundin	..... Kugelschreiber	..... Stunde
..... Bleistift	..... Haus	..... Lehrer	..... Tafel
..... Buch	..... Heft	..... Lehrerin	..... Tisch
..... Fehler	..... Herr	..... Name	..... Tür
..... Fenster	..... Karte	..... Republik	..... Übung
..... Frage	..... Kind	..... Satz	..... Wort
..... Frau	..... Klasse	..... Stadt	..... Zimmer

These prepositions take the accusative. Durch · through, gegen · against, ohne · without, entlang · alongside, für · for, um · round, um · round, auf · onto, in · into

Der Akkusativ

Richard versteht *den* Satz, *das* Wort und *die* Frage.
Er wiederholt *einen* Satz, *ein* Wort und *eine* Frage.
Der Lehrer verbessert *die* Fehler; er wiederholt *die* Wörter und *die* Fragen.
Der Lehrer verbessert Fehler und wiederholt Wörter und Fragen.

The person or thing that does something is in the nominative (subject) when the action of the verb passes directly to someone/body that some-one is the direct object

Nominativ *subject*	Akkusativ *object*
Jetzt kommt **der** Lehrer.	Wir verstehen **den** Lehrer.
Das ist **ein** Bleistift.	Zeigen Sie **einen** Bleistift!
Das ist **kein** Fehler.	Sie haben **keinen** Fehler.
Da kommt **Herr** Müller.	Ich frage **Herrn** Müller.

Nur Maskulin Singular hat eine Akkusativform.

∴ feminine + neuter stays the same.

d is in the accusative case.

Übung 2

Ich mache die Übung, und dann macht Rita die Übung.

1. Ich bilde einen Satz, und dann *bildet* Peter .*einen*....*Satz*
2. Der Lehrer wiederholt den Satz, und dann ......du .*den*...*Satz*
3. Ich frage den Lehrer, und dann *fragt* ihr .*den*...*Lehrer.*
4. Der Lehrer sagt: „Verbessern Sie den Fehler!", und dann *sage* ich ....*den* *Fehler*..... .
5. Er sagt: „Schreiben Sie den Satz 1 und den Satz 2!", und dann *schreiben* wir .*den*... *Satz 1 und den Satz 2.*
6. Peter fragt Herrn Müller, und dann *frage* ich .*Herrn*...*Müller*

Übung 3

> Sagt er ein Wort? (Satz) – Nein, er sagt einen Satz.

1. Zeigt Peter ein Buch? (Kugelschreiber) – Nein, er *zeigt einen Kugelschreiber*
2. Zeigt Rita ein Heft? (Bleistift, Buch) – Nein, sie *zeigt einen Bleistift*
3. Fragst du heute die Lehrerin? (Lehrer, Freund, Schüler) – Nein, ich *frage einen Freund*
4. Verbessert Herr Müller das Wort? (Antwort, Satz, Fehler) – Nein, er *verbessert einen Satz*
5. Schließt Peter die Tür? (Fenster, Buch, Heft) – Nein, er *schließt das Buch*
6. Fragen Sie Frau Becker? (Lehrer, Herr Müller) – Nein, wir *fragen Herrn Müller*

Übung 4

> Da kommt ein Schüler.   – Wir fragen den Schüler.

1. Das ist ein Kugelschreiber.   – Ingrid zeigt *einen Kugelschreiber*
2. Hier ist ein Fehler.   – Herr Müller verbessert *einen Fehler*
3. Der Satz ist richtig.   – Bitte wiederholen Sie *den Satz*
4. Hier sind die Sätze.   – Bitte schreiben Sie *die Sätze*
5. Heute kommt Herr Müller.   – Verstehen Sie *Herrn Müller* immer?

Fragepronomen

Wer fragt?	*Der* Freund (*das* Kind, *die* Frau) fragt.
	Die Freunde (*die* Kinder, *die* Frauen) fragen.
Wen fragt er?	Er fragt *den* Freund (*das* Kind, *die* Frau, Herrn Müller).
	Er fragt *die* Freunde (*die* Kinder, *die* Frauen).
Was ist falsch?	*Der* Satz (*das* Wort, *die* Antwort) ist falsch.
	Die Sätze (*die* Wörter, *die* Antworten) sind falsch.
Was schreibt er?	Er schreibt *den* Satz (*das* Wort, *die* Antwort).
	Er schreibt *die* Sätze (*die* Wörter, *die* Antworten).

> Der Freund, das Kind, die Frau sind Personen.
> Das Fragepronomen ist: Nominativ: **wer?** – Akkusativ: **wen?**
>
> Der Satz, das Wort, die Antwort sind keine Personen.
> Das Fragepronomen ist: Nominativ und Akkusativ: **was?**

Übung 5 *Bilden Sie Fragen!*

Der Schüler versteht den Lehrer.	– Wer versteht den Lehrer? – Der Schüler.
	Wen versteht der Schüler? – Den Lehrer.
Der Schüler versteht den Satz.	– Wer versteht den Satz? – Der Schüler.
	Was versteht der Schüler? – Den Satz.

1. Peter sagt ein Wort. *Wer sagt* – *ein Wort* ? Peter. *Was sagt Peter* – ...? Ein Wort.
2. Herr Müller diktiert den Satz. – *Wer* ? Herr Müller. – *Was* ? Den Satz.
3. Richard fragt Herrn Müller. – *Wer* ? Richard. – *Wen* ? Herrn Müller.
4. Rita hat auch eine Frage. – *Was* ? Eine Frage. – *Wer* ? Rita.
5. Die Schüler schreiben die Übung. – *Was* ? Die Übung. – *Wer* ? Die Schüler.
6. Wir lernen Deutsch. – *Wer* ? Wir. – *Was* ? Deutsch.
7. Die Kinder schließen die Bücher. – *Was* ? Die Bücher. – *Wer* ? Die Kinder.
8. Rita sagt: „Auf Wiedersehen!" – *Wer* ? Rita. – *Was* ? Auf Wiedersehen!

Das Verb

haben

Ich hab-e einen Freund.	Wir hab-en keinen Fehler.
Du hast ein Buch.	Ihr hab-t viele Freunde.
Er hat eine Frage.	Sie hab-en Bleistifte.

haben + Akkusativ

Übung 6 *haben*

Ich habe ein Buch. – Hast du auch ein Buch? – Nein, ich habe kein Buch.

1. Er *hat* einen Freund. – *Hast* du *einen* ? 2. Richard und Peter *haben* eine Lehrerin. – *Habt* ihr *eine* ? 3. Rita *hat* eine Frage. – *haben* Sie *eine* ? 4. Die Schüler
haben Bücher und Hefte. – *Hat* Peter *sie* ? 5. Wir *haben* heute Unterricht. – *habt*
ihr heute *Unterricht* .

Der Imperativ

Der Lehrer sagt: „Bitte *wiederholen Sie*, Herr Robertson! *Sagen Sie* den Satz!

Wiederholen Sie! ist eine Imperativform

Übung 7

die Übung wiederholen – Bitte wiederholen Sie die Übung!

1. Herrn Müller fragen **2.** jetzt beginnen **3.** das Wort erklären **4.** keinen Fehler machen **5.** den Satz verbessern **6.** heute kommen **7.** den Satz hören **8.** immer richtig antworten **9.** jetzt die Bücher schließen **10.** den Satz langsam diktieren **11.** das Wort an die Tafel schreiben **12.** die Übung nicht falsch machen

Das Alphabet

a b c d e f g
h i j k l m n o p
q r s t u v w
x y z esz-ett-ß

Das sind die Buchstaben. *a, e, i, o* und *u* sind die Vokale. Wie heißen die Konsonanten?
– Die Umlaute von *a, o, u* sind *ä, ö, ü*.
Das *ß* in *fleißig* heißt *eszet*.
Die Nomen schreiben wir immer groß.
Wie heißen Sie? – Ich verstehe nicht, bitte buchstabieren Sie!

Die Silben

Ein Wort hat **eine Silbe** (Heft, hier, du), **zwei Silben** (Fra-ge, Leh-rer, kom-men, flei-ßig), **drei Silben** (ver-bes-sern, Land-kar-te), **vier Silben** (Ku-gel-schrei-ber, wie-der-ho-len), **fünf Silben** (Bun-des-re-pu-blik).

Vorsilbe (Präfix): *un*-bestimmt, *er*-klären, *ver*-bessern
Nachsilbe (Suffix): lang-*sam*, rich-*tig*, Lehrer-*in*
Endung: du geh-*st*, komm-*en*, Tür-*en*, Kind-*er*
Zwei Konsonanten oder *ck* machen den Vokal kurz: H*err*, Zi*mm*er, verbe*ss*ern, begi*nn*en, ko*mm*en – Frau Be*ck*er

makes the vowel long.

h macht den Vokal lang: St*uh*l, F*eh*ler, L*eh*rer
ie: das *e* macht das *i* lang: h*ie*r, l*ie*gen, w*ie*derholen, v*ie*r, dikt*ie*ren

ß – ss: Vokal (lang oder kurz) – ß : Fu*ß*, gro*ß*, Ru*ß*-land
  Vokal (lang) – ß – Vokal : schlie*ß*en, flei*ß*ig, hei*ß*en
  Vokal (kurz) – ss – Vokal : verbe*ss*ern, Kla*ss*e

Übung 8   *Bitte buchstabieren Sie!*

Wort– falsch – Fenster – Haus – Übung – heißen – richtig – Freund – Beispiel – Zimmer – Stuhl – liegen – Fehler – die BRD – die DDR – der VW – die USA

Übung 9

a) *i, ih oder ie?*
1. Hier liegt Paris. **2.** D.e Lehrer.n d.ktiert v.ele Sätze. **3.** Gr.echenland und Ital.en l.egen in Südeuropa. **4.** .ch b.n h.er. **5.** .hr arbeitet n.cht v.el. **6.** B.tte w.ederholen S.e!

b) *s, ss oder ß?*
1. Das Kind i.t flei.ig. **2.** Schlie.en Sie bitte da. Fen.ter. **3.** Das Hau. i.t link.. **4.** Herr Müller verbe..ert die Fehler. **5.** Wie hei.t der Lehrer? **6.** Er hei.t Han. Müller.

c) *ein Konsonant oder zwei Konsonanten?*
1. Der U.terricht begi..t. **2.** Mein Zi...er ist hier rechts. **3.** B..e ko..en Sie schne..! **4.** Wo ist He.. Mü..er? **5.** Richard und Pe..er arbei..en oft zusa...en. **6.** Er verbe..ert die Übung.

Übung 10

> Hier ist ein Bleistift. Haben Sie auch einen Bleistift?
>   Nein, ich habe keinen Bleistift.

1. Hier ist ein Buch. **2.** Hier ist ein Stuhl. **3.** Hier ist ein Kugelschreiber. **4.** Hier ist ein Heft. **5.** Hier ist ein Tisch. **6.** Hier ist ein Fehler.

Übung 11   *Antworten Sie kurz!*

> (der Satz) Was diktiert Herr Müller? – Den Satz.

1. (ein Kugelschreiber) Was habe ich hier? **2.** (mein Freund) Wen fragen Sie? **3.** (Herr Müller) Wen versteht der Schüler? **4.** (ein Schüler) Wen fragt Herr Müller?

5. (ein Wort und dann ein Satz) Was hören die Schüler? **6.** (ein Beispiel) Was schreibt Herr Müller an die Tafel? **7.** (Wörter) Was lernen Richard und Peter?

Übung 12 *Antworten Sie!* (ja *oder* nein)

> Bildet Peter einen Satz? – Ja, er bildet einen Satz. *oder*
> Nein, er bildet keinen Satz.

1. Verbessert Richard einen Fehler? **2.** Erklärt der Lehrer ein Wort? **3.** Hat Stefan einen Freund? **4.** Haben Sie ein Buch? **5.** Haben Sie einen Stuhl? **6.** Schreibt Rita einen Satz an die Tafel?

Übung 13 *Fragen zum Text „Im Klassenzimmer"*

1. Wer kommt in das Klassenzimmer? **2.** Wo ist die Tür? **3.** Haben wir hier viele Fenster? **4.** Was haben wir noch? **5.** Haben Sie auch einen Stuhl, ... ? **6.** Was sagt Herr Müller? **7.** Was machen die Schüler? **8.** Was zeigt Herr Müller? **9.** Wen fragt er? **10.** Antwortet Richard richtig? **11.** Was zeigt Herr Müller dann? **12.** Sagt der Schüler den Plural richtig? **13.** Was zeigt Fräulein Bartolini? **14.** Bilden die Schüler jetzt Sätze?

Und jetzt bilden wir Sätze! Hier sind zwei Beispiele:
sagen: wer sagt . . . . . ? – Richard sagt. . . . . – Was sagt er? – Er sagt einen Satz.
fragen: wer fragt. . . . . ? – Rita fragt . . . . . – Wen fragt sie? – Sie fragt Herrn Müller.

Und jetzt bilden Sie Sätze! verstehen: Lehrer/Schüler – lernen: Richard/Wörter – haben: ich/ein Buch – schließen: wir/Hefte – wiederholen: Frau Becker/Satz – fragen: Rita/Herr Müller.

Haben Sie genug Geld?

Das sind fünf Mark.
Das ist ein Fünfmarkschein.
Das sind zehn Mark.
Das ist ein Zehnmarkschein.
Und das sind zwanzig Mark.
Das ist ein Zwanzigmark-Schein.

der Schein - the note
die Scheine - the notes.

Möchten Sie den 50-Mark-Schein?
Möchten Sie den 100-Mark-Schein?
Möchten Sie den 500-Mark-Schein?
Möchten Sie den 1000-Mark-Schein?
Oder möchten Sie die vier Scheine?
Das ist viel Geld.

Hier ist Kleingeld: *little.*
ein Pfennig, das ist sehr wenig,
ein Zweipfennigstück,
ein Fünfpfennigstück
und ein Zehnpfennigstück.
Das ist nicht viel.

✳ Das Stück - the piece.

Was haben wir hier noch?
Ein Fünfzigpfennigstück,
ein Markstück, das ist eine Mark,
ein Zweimarkstück,
und ein Fünfmarkstück.
Das ist jetzt alles.

✳ Stück can also be used for a play.

Die Verkäuferin

Herr Müller kauft ein Buch,
und dann kauft er noch ein Buch.
Jetzt hat er zwei Bücher.
Der Verkäufer schreibt eine Rechnung.
Herr Müller bezahlt die Bücher.

Rita kauft auch ein Buch, und dann noch
einen Füller und eine Karte.
Was bezahlt sie?

Richard braucht Briefpapier.
Aber das hier ist zu teuer.
Es kostet 26 Mark 80.
Richard schreibt nicht so viel.

Die Karten sind billig.
Sechs Karten kosten nur eine Mark.
Peter schreibt keine Briefe,
er schreibt nur Karten.

Richard kauft das Briefpapier hier.
Es ist nicht so teuer.
Peter möchte sechs Karten.
Er bezahlt die Karten und das Briefpapier.

Die Zahlen

Wir haben hier viele Stühle. Wie viele Stühle sind hier? Bitte zählen Sie die Stühle! –
Eins, zwei, drei, vier, fünf, sechs. – Gut, danke! Zählen Sie jetzt bitte weiter! – Sieben,
acht, neun, zehn. – Wir haben hier zehn Stühle.
Wieviel Geld hat Herr Müller? Er zählt es. Zuerst zählt er die Geldstücke: zwei
Fünfmarkstücke – das sind zehn Mark – und viele Markstücke: elf, zwölf, dreizehn,
vierzehn, fünfzehn, sechzehn, siebzehn, achtzehn Mark. Und jetzt hat er noch sechs
Zweimarkstücke: zwanzig, zweiundzwanzig, vierundzwanzig, sechsundzwanzig, acht-
undzwanzig, dreißig Mark.
Dann zählt Herr Müller die Scheine; zuerst die Zehnmarkscheine: vierzig, fünfzig,
sechzig, siebzig, achtzig, neunzig, hundert Mark. Jetzt hat er nur noch einen Zwanzigmark-Schein; das sind zusammen 120 Mark.

Was möchten Sie bitte?

Verkäuferin: Guten Tag! Was möchten Sie bitte?
Richard: Ich möchte einen Füller. Wieviel kostet der hier?
Verkäuferin: 16 Mark 50.
Richard: Das ist aber teuer! Und ein Kugelschreiber?
Verkäuferin: Kugelschreiber sind billig. 50 Pfennig, eine Mark, eins fünfzig.
Richard: Ein Kugelschreiber kostet nur eine Mark? Das ist gut. Ich kaufe zwei,
bitte!
Peter: Ich möchte auch einen Kugelschreiber, und dann noch ein Schreibheft
und Briefpapier.
Verkäuferin: Das hier? 2 Mark 80.
Peter: Ja, gut, das ist alles. Ich bezahle die Rechnung.
Verkäuferin: Alles zusammen? Das macht 6 Mark 20. Bitte, haben Sie kein Klein-
geld?
Peter hat nur einen Fünfzigmark-Schein.
Peter: Nein, leider nicht!
Richard: Aber ich habe 20 Pfennig!
Verkäuferin: Das ist gut; hier sind 44 Mark zurück. Danke sehr! Auf Wiedersehen!

Peter zählt fünf Stühle, dann zählt Rita *weiter*.
Die Schüler machen *noch* Fehler.
Peter kauft einen Kugelschreiber und dann *noch* ein Heft.
Hier ist ein Fehler, und da ist *noch* ein Fehler.

Richard möch*te* einen Füller, aber er kauf*t* den Füller nicht.
Ich möch*te* ein Heft – du möch*test* ein Buch – er möch*te* einen Füller

Wieviel Geld hat Herr Müller? – Er hat 120 Mark.
Wie viele Markstücke hat er? – Er hat acht Markstücke.

der Brief	+	**das** Papier	→	**das** Briefpapier
das Geld	+	**das** Stück	→	**das** Geldstück
die Mark	+	**das** Stück	→	**das** Markstück
(die)zehn Mark	+	**der** Schein	→	**der** Zehnmarkschein
schreiben	+	**das** Heft	→	**das** Schreibheft
klein	+	**das** Geld	→	**das** Kleingeld

der Buchstabe, -n – buchstabieren   die Rechnung, -en – rechnen
das Diktat, -e – diktieren   die Zahl, -en – zählen – bezahlen

Der Satz

I	II	III		
	Kauft	die Frau	jetzt	das Buch?
Die Frau	kauft	_____	jetzt	das Buch.
Jetzt	kauft	die Frau	_____	das Buch.
Das Buch	kauft	die Frau	jetzt.	_____

Übung 1

Die Schüler hören und wiederholen den Satz.

1. Was machen sie zuerst? Zuerst .... den Satz.
2. Was machen sie dann? Dann .... den Satz.

Herr Müller zählt die Geldstücke und die Scheine.

3. Was zählt er zuerst? Zuerst .... die Geldstücke.
4. Was zählt er dann? Dann .... die Scheine.

Ich bezahle den Bleistift, und du bezahlst das Briefpapier.

5. Wer bezahlt den Bleistift? Und .... das Briefpapier?
6. Den Bleistift ...., und das Briefpapier ....

How do oe say it.

Was sagt Herr Müller?	Wie sagt er das?

7. Wir arbeiten heute viel.

Heute *arbeiten wir* viel.

8. Die Tür ist rechts.

Rechts *ist die Tür*

9. Die Fenster sind links.

Links *sind die Fenster*

10. Die Landkarte hängt da.

Da *hängt die Landkarte*

11. Ich frage jetzt, und Sie antworten dann.

Jetzt *frage ich*, und dann *antworten Sie*.

12. Arbeiten Sie gut, Sie machen dann keine Fehler!

Arbeiten Sie gut, dann *machen Sie keine Fehler.*

Die Zahlen

0 null	10 zehn	20 zwanzig	
1 eins	11 elf	21 einundzwanzig	10 zehn
2 zwei	12 zwölf	22 zweiundzwanzig	20 zwanzig
3 drei	13 dreizehn	23 dreiundzwanzig	30 dreißig
4 vier	14 vierzehn	24 vierundzwanzig	40 vierzig
5 fünf	15 fünfzehn	25 fünfundzwanzig	50 fünfzig
6 sechs	16 sechzehn	26 sechsundzwanzig	60 sechzig
7 sieben	17 siebzehn	27 siebenundzwanzig	70 siebzig
8 acht	18 achtzehn	28 achtundzwanzig	80 achtzig
9 neun	19 neunzehn	29 neunundzwanzig	90 neunzig

100 hundert, einhundert	200 zweihundert
101 hunderteins	300 dreihundert *usw.*
102 hundertzwei	1000 tausend, eintausend
	1 000 000 eine Million (die Million, -en)

1 ein*s*	aber:	21 einundzwanzig (*ein*-und-zwanzig)
3 drei	aber:	30 drei*ß*ig
6 sech*s*	aber:	16 se*ch*zehn – 60 se*ch*zig – 600 se*ch*shundert
7 sieb*en*	aber:	17 sie*b*zehn – 70 sie*b*zig – 700 sie*b*enhundert

Übung 2 *Bitte lesen Sie!*

6, 10, 8, 5, 3, 9, 7, 4, 2, 1, 11, 17, 13, 15, 19, 12, 16, 47, 74, 29, 92, 66, 35, 78, 55, 27, 21, 64, 77, 91, 82, 139, 193, 416, 926, 555, 901, 5432

Übung 3

a) Wieviel Geld ist das? – 1,50 DM (eine Mark fünfzig)
1,75 DM; 3,98 DM; 9,35 DM; –,66 DM; 49,06 DM; 73,15 DM; 55,50 DM; 859,77 DM;
901,– DM; 1387,45 DM; 10000,– DM

b) Wieviel kostet: ein Füller (18,10 DM), ein Heft (0,40 DM), ein Bleistift (0,35 DM),
ein Kugelschreiber (0,50, 1,– oder 1,50 DM), ein Buch (9,50 DM)

Übung 4   Wie viele . . . . ?

> Wie viele Stühle sind hier? – Hier sind sechs Stühle.

1. Wie viele Schüler sind hier? (18)   2. Wie viele Fenster sind hier? (4)   3. Wie viele
Sätze diktiert der Lehrer? (5)   4. Wie viele Fehler haben Sie? (1)   5. Wie viele Bücher
liegen hier? (3)   6. Wie viele Sätze hat die Übung? (5)

Die Zeit

Ein Tag hat 24 Stunden. Eine Stunde hat 60 Minuten, und eine Minute hat 60 Sekun-
den.
Jetzt ist es 8 Uhr. Der Unterricht beginnt schon um 9 Uhr. Dann habe ich nur noch
eine Stunde Zeit. Der Unterricht dauert 3 Stunden, von 9 bis 12 Uhr. Von 2 bis 3 Uhr
arbeite ich zu Hause. Um 3 Uhr kommt dann mein Freund.
Ich habe eine Uhr. Sie geht immer richtig.

> nach Hause gehen   zu Hause sein, zu Hause arbeiten

Übung 5   Uhr *oder* Stunde?

1. Ich habe eine . . . . .   2. Meine . . . . . geht richtig.   3. Wieviel . . . . . ist es jetzt?
4. Es ist 9 . . . .   5. Der Unterricht beginnt um 10 . . . .   6. Ich habe noch eine
. . . . Zeit.   7. Wir haben von 10 . . . . bis 12 . . . . Unterricht.   8. Der Unterricht
dauert 2 . . . . .   9. Wie viele Minuten hat eine . . . . .?   10. Arbeiten Sie zu Hause? –
Ja, von 3 . . . . bis 5 . . . . Das sind 2 . . . . . .

Übung 6   *Bilden Sie Singularformen!*

> Wir haben keine Fehler. – Ich habe keinen Fehler.

1. Ihr versteht die Wörter nicht.   2. Die Kinder schließen die Fenster.   3. Die Schü-

lerinnen schreiben Sätze. **4.** Wir fragen die Lehrer. **5.** Wir hören die Kinder. **6.** Bezahlt ihr heute die Rechnungen? **7.** Die Schüler schreiben Briefe nach Hause. **8.** Bücher kosten viel Geld.

Übung 7 *Bitte rechnen Sie!*

Wieviel ist drei und (plus) vier? $3 + 4 = 7$
Drei und vier ist sieben.

Wieviel ist fünf weniger (minus) drei? $5 - 3 = 2$
Fünf weniger drei ist zwei.

$8 + 4 = \ldots$ $7 - 4 = \ldots$ $12 + 10 = \ldots$ $143 - 33 = \ldots$ $175 + 825 = \ldots$
$6 + 3 = \ldots$ $9 - 2 = \ldots$ $40 + 28 = \ldots$ $151 - 50 = \ldots$ $620 - 65 = \ldots$
$5 + 5 = \ldots$ $8 - 5 = \ldots$ $95 + 35 = \ldots$ $955 - 60 = \ldots$ $431 + 168 = \ldots$

Übung 8   wieviel? *oder* wie viele?

1. Ich habe zehn Mark. ..... Geld haben Sie? **2.** ..... Zeit hat er? – Er hat nur eine Stunde Zeit. **3.** ..... Bücher kauft Rita? – Sie kauft zwei Bücher. **4.** ..... kostet ein Buch? – Es kostet 18,10 DM. **5.** ..... Fehler habe ich? – Sie haben keinen Fehler. **6.** ..... Uhren haben Sie? – Ich habe zwei Uhren. **7.** ..... Uhr ist es? – Es ist 7 Uhr. **8.** ..... Stunden hat ein Tag?

Übung 9   noch – kein ..... mehr

Kauft Peter noch ein Heft? – Nein, er kauft kein Heft mehr.

1. Haben Sie noch einen Fehler? **2.** Hat Rita noch eine Frage? **3.** Haben Sie noch ein Markstück? **4.** Ist Hans noch ein Kind? **5.** Haben Sie noch Unterricht? **6.** Habt ihr noch Zeit? **7.** Hat Fritz noch Kleingeld? **8.** Machen wir noch Übungen? **9.** Brauchen Sie noch Geld?

Übung 10   noch – nicht mehr

Braucht Peter das Buch noch? – Nein, er braucht das Buch nicht mehr.

1. Kauft er den Füller noch? **2.** Hat er den Zehnmarkschein noch? **3.** Möchten Sie die Karten noch, Herr Karlis? **4.** Brauchen Sie meinen Kugelschreiber noch? **5.** Braucht Rita das Geld noch?

Übung 11 viel *oder* viele

1. Brauchst du noch . . . . . Geld? **2.** Nein, ich brauche nicht mehr . . . . . Geld. **3.** Ihr habt noch . . . . Hefte. **4.** Wir gehen jetzt. Wir haben nicht mehr . . . . . Zeit. **5.** Habt ihr heute . . . . . Arbeit? **6.** Sind noch . . . . . Schüler hier? **7.** Wir haben nicht . . . . Schülerinnen. **8.** Ich habe heute . . . . . Kleingeld. **9.** Wir schreiben . . . . . Briefe. **10.** Wir brauchen . . . . . Briefpapier.

Übung 12 beginnt, bezahlst, haben, kauft, mache, zählt

1. Herr Müller . . . . . ein Buch. **2.** Er . . . . . Geld. **3.** . . . . . du die Rechnung? **4.** Ich . . . . . noch viele Fehler. **5.** Der Unterricht . . . . . um 9 Uhr. **6.** Wir . . . . . noch eine Stunde Zeit.

buchstabieren, heißt, schließen, schreiben, verbessert, verstehe

7. Wie . . . . . der Lehrer? **8.** Rita . . . . . die Fehler. **9.** Ich . . . . . das Wort nicht. **10.** Bitte . . . . . Sie das Wort! **11.** Die Schüler . . . . . die Wörter in das Heft. **12.** Wir . . . . . jetzt die Bücher und Hefte.

Übung 13 *Fragen zu den Texten*

a) 1. Wieviel Geld hat Herr Müller? **2.** Wie viele Markstücke hat er? **3.** Was zählt er zuerst? **4.** Was zählt er dann? **5.** Hat er dann noch Geld?

b) 1. Was möchte Richard? **2.** Wieviel kostet ein Füller? **3.** Ist das billig? **4.** Kauft Richard einen Füller oder einen Kugelschreiber? **5.** Wieviel kosten die Kugelschreiber? **6.** Wie viele Kugelschreiber kauft Richard? **7.** Was möchte Peter? **8.** Wer bezahlt die Rechnung? **9.** Was kostet alles zusammen? **10.** Was sagt die Verkäuferin?

c) Sie kaufen eine Uhr (ein Buch, Briefpapier). Was sagen Sie?

Eine Bahnfahrt

Ich fahre von Köln nach Frankfurt.
Ich nehme den D-Zug Nummer 514.
Der Zug kommt von Dortmund.
Er kommt um 9 Uhr 40 in Köln an
und fährt um 9 Uhr 44 weiter.
Er hält nur vier Minuten.

Auf Bahnsteig 5 sehe ich meinen Freund
Michael.
„Fährst du auch nach Frankfurt?" –
„Ja! Siehst du dort? Da kommt der Zug." –
„Nimmst du meinen Koffer?
Ich kaufe schnell noch eine Zeitung."

Jetzt hält der Zug.
Viele Leute steigen aus.
Ich steige schnell ein und
suche einen Platz.
Ich höre den Schaffner: „Bitte
einsteigen! Der Zug fährt ab!"
Da steigt Michael auch ein.

Der Zug hat viele Abteile.
Die Fensterplätze sind besetzt.
Aber hier sind noch zwei Plätze
frei.
„Hier, siehst du, ich finde immer
einen Platz."

Zuerst lesen wir.
Ich lese eine Illustrierte,
und Michael liest die Zeitung.
Dann frage ich: „Was machst du denn
in Frankfurt, Michael?" –
„Ich besuche meinen Freund, er
wohnt in Frankfurt."

Köln – Koblenz – Mainz – Frankfurt			
Zug-Nr.*	1284	E 722	D 514
Köln . . . . . . ab	5.14	8.58	9.44
an	6.01	9.31	10.09
Bonn . . . . . ab	6.06	9.32	10.11
an	7.47	10.52	11.08
Koblenz . . . . ab	8.21	11.21	11.13
an	11.10	12.29	12.53
Mainz . . . . . ab	11.50		12.55
Frankfurt . . an	12.47		13.32

Eine Reise

Hier sehen Sie einen Fahrplan. Sie finden drei Züge, einen Personenzug, Nummer 1284, einen Eilzug und einen Schnellzug (D-Zug). Der Eilzug fährt nur bis Mainz. Wann fahren die Züge von Köln ab? Und wann kommen sie in Frankfurt an? Wo haben sie Aufenthalt? Wie lange halten sie dort?

Der Bahnhof in Köln ist sehr groß. Viele Züge kommen in Köln an oder fahren dort ab. Viele Leute kommen und gehen.

Auch Herr Breuer ist da. Er wohnt in Köln und fährt heute nach Frankfurt. Zuerst kauft er eine Fahrkarte, dann geht er weiter. Auf Bahnsteig 5 sieht er einen Zug. Er fragt einen Schaffner:

„Entschuldigen Sie, ist das der Zug nach Frankfurt?" –
„Ja, der Zug fährt nach Frankfurt. Bitte steigen Sie ein!"
„Ich kaufe nur noch eine Zeitung." –
„Ja, aber machen Sie schnell, der Zug fährt pünktlich ab!"

Herr Breuer kauft eine Zeitung und eine Illustrierte. Dann hört er:

„Der Schnellzug nach Frankfurt über Bonn und Mainz fährt ab. Bitte einsteigen und die Türen schließen!" –

Schnell steigt Herr Breuer ein, geht in ein Abteil und sucht einen Platz.

„Guten Tag! Ist der Platz hier noch frei?" –
„Leider nicht! Der Platz ist besetzt, aber der ist noch frei." –
„Vielen Dank!" –

Der Zug fährt ab. Herr Breuer nimmt die Zeitung und liest. Pünktlich um 13 Uhr 32 ist der Zug in Frankfurt.

„Hier Frankfurt Hauptbahnhof! Alles aussteigen! Der Zug fährt nicht weiter." –
Herr Breuer nimmt seinen Koffer und seine Tasche, steigt aus und verläßt den Bahnhof.
Dann nimmt er ein Taxi.
„Ich möchte in die Talstraße 19, bitte! Wie lange dauert die Fahrt?" –
„In zehn Minuten sind wir da." –
„Das ist gut. Dann bin ich ja um zwei Uhr dort." –

---

fahren **nach**	Ich fahre **nach** Frankfurt.
fahren **über**	Der Zug fährt **über** Bonn nach Frankfurt.
fahren **bis**	Der Zug fährt nicht nach Frankfurt, er fährt nur **bis** Mainz.
*ab*fahren **von**	Herr Breuer fährt **von** Köln *ab*.
*an*kommen **in**	Er kommt um 13.32 Uhr **in** Frankfurt *an*.
halten – der Zug hält – Halt! Gehen Sie nicht weiter!	
Bitte einsteigen! – Bitte steigen Sie ein!	

fahren	–	*ab*fahren	bestimmt	–	*un*bestimmt
kommen	–	*an*kommen	betont	–	*un*betont
			trennbar	–	*un*trennbar
fahren	–	die Fahrt		

wo?	Wo wohnt Herr Breuer? – Er wohnt **in** Köln.
wohin?	Wohin fährt er? – Er fährt **nach** Frankfurt.
wie lange?	Wie lange fährt der Zug? – Er fährt drei Stunden.
wann?	Wann fährt Herr Breuer? – Er fährt heute. – Er fährt um 9 Uhr.
um wieviel Uhr?	Um wieviel Uhr fährt er? – Er fährt um 9 Uhr.

die Person (-en)	+	**der** Zug	→	**der** Personenzug
schnell	+	**der** Zug	→	**der** Schnellzug
eilen	+	**der** Zug	→	**der** Eilzug
fahren	+	**die** Karte	→	**die** Fahrkarte

Das Verb

Das Präsens

Ich *fahre* nach Frankfurt.	Herr Breuer *fährt* nach Frankfurt.
Ich *nehme* den Koffer.	Er *nimmt* den Koffer.
Ich *lese* den Brief.	Er *liest* den Brief.

Infinitiv	*fahren*		*lesen*		*nehmen*
	ich fahre		ich lese		ich nehme
Präsens	du fährst		du liest		du nimmst
	er fährt		er liest		er nimmt
	wir fahren *usw.*		wir lesen *usw.*		wir nehmen *usw.*

Die Verben **fahren, halten, nehmen, lesen, sehen, verlassen** sind stark.

fahren	halten	verlassen	lesen	nehmen	sehen
er fährt	er hält	er verläßt	er liest	er nimmt	er sieht

Übung 1 fahren

1. Wir fahren nach Mainz, Herr Breuer . . . . . nach Frankfurt. **2.** Peter und Ingrid . . . . . nach Berlin. **3.** Wohin . . . . . du, Richard? **4.** Ich . . . . . nach München. **5.** . . . . . der Zug nach Frankfurt? – Nein, er . . . . . nur bis Mainz.

halten

1. Halten alle Züge in Koblenz? – Nein, der D-Zug . . . . . nicht in Koblenz. **2.** Er . . . . . nur in Bonn und Mainz. **3.** In Mainz . . . . . die D-Züge nur zwei Minuten.

lesen

1. Was lesen Sie da? – Ich . . . . . einen Brief von Peter. **2.** Herr Breuer . . . . . die Zeitung, Frau Breuer . . . . . eine Illustrierte. **3.** . . . . . du jetzt das Buch? – Nein. – Dann . . . . . ich es.

nehmen

1. Peter und Inge nehmen den Zug um 8.58 Uhr, Hans . . . . . den Zug um 9.44 Uhr. **2.** Rita . . . . . den Koffer. **3.** Aber Hans sagt: „Halt! Den Koffer . . . . . ich, und du . . . . . die Tasche!" **4.** Bitte . . . . . Sie die Hefte und schreiben Sie!

sehen

1. Ingrid und Peter sehen Herrn Müller, aber er . . . . . sie nicht. **2.** Herr Breuer . . . . . ein Buch und kauft es. **3.** Ist Fräulein Rita auch hier? – Ja, da vorn ist sie, ... du sie nicht?

Übung 2

Ich habe ein Buch und lese es. – Rita hat ein Buch und liest es.

1. Wir kaufen eine Fahrkarte und fahren nach Frankfurt. (Peter)
2. Ich nehme den Koffer und verlasse den Bahnhof. (Herr Breuer)
3. Ihr kommt aus Heidelberg und fahrt nach Köln? (Ja, wir)

4. Ich sehe heute Frau Becker und frage sie. (Richard)

5. Du nimmst jetzt ein Taxi und fährst nach Hause. (Ihr)

6. Alle Züge halten in Mainz. (Auch der D-Zug)

7. Ich möchte keine Zeitung. Ich lese jetzt nicht. (Peter)

Vorsilbe und Verb

a) Der Zug *fährt* um 9 Uhr von Köln *ab*. Er *kommt* um 12 Uhr in Frankfurt *an*. Herr Breuer *steigt* in Köln *ein*; er *steigt* in Frankfurt *aus*.

an-kommen

Der Zug kommt um 12 Uhr in Frankfurt an.
Der Zug kommt . . . . an.

Die Verben abfahren, ankommen, einsteigen, aussteigen sind **trennbar**.
Die Vorsilbe ist betont:
abfahren – ankommen – einsteigen – aussteigen – weitergehen
Hier ist die Vorsilbe ein Wort: **ab, an, aus, ein**. Sie heißt auch **Verbzusatz**.

Übung 3

Wann fährt der Zug ab? (9.44) – Er fährt um 9.44 Uhr ab.

1. Wo steigt Herr Breuer ein? (Köln) **2.** Wo steigt er aus? (Frankfurt) **3.** Wann kommt der Zug an? (13.32) **4.** Wo steigt Ingrid ein? (Bonn) **5.** Wo steigt sie aus? (Mainz) **6.** Wann kommt der D-Zug dort an? (12.53) **7.** Wann fährt der Zug weiter? (12.55)

b) Herr Müller *erklärt* den Fahrplan. – Meine Reise *beginnt* in Köln. – Jetzt *verlassen* wir den Bahnhof. – Peter *versteht* das Wort nicht.

Die Verben **beginnen, erklären, verbessern, verlassen, verstehen, wiederholen** sind **untrennbar**. Die Vorsilbe ist nicht betont, sie ist **unbetont**: beginnen, erklären, verbessern, verlassen, verstehen, wiederholen.

Vorsilbe betont   =   das Verb ist **trennbar**
Vorsilbe unbetont =   das Verb ist **nicht trennbar**

Übung 4

(ein Wort nicht verstehen) Peter versteht ein Wort nicht.

1. (die Reise in Köln beginnen) Herr Breuer . . . . . 2. (in den Zug einsteigen) Viele Leute . . . . . 3. (pünktlich abfahren) Der Zug . . . . . 4. (in Bonn aussteigen und eine Zeitung kaufen) Herr Breuer . . . . . 5. (um 13.32 Uhr in Frankfurt ankommen) Der Zug . . . . . 6. (aussteigen und den Bahnhof verlassen) Herr Breuer . . . . . 7. (das Buch nehmen und weiterlesen) Rita . . . . . 8. (den Fehler verbessern und den Satz wiederholen) Richard . . . . .

Wortstellung

I	II	III	E*
Er	wiederholt	jetzt die Frage.	
Jetzt	wiederholt	er die Frage.	
Der Zug	kommt	um 9 Uhr in Köln	an.
Um 9 Uhr	kommt	der Zug in Köln	an.

* E = Endstellung

Übung 5

Viele Leute steigen in Köln ein. – In Köln steigen viele Leute ein.

1. Herr Breuer sieht auf Bahnsteig 5 einen Zug. – Auf Bahnsteig 5 . . . . . 2. Der Zug kommt pünktlich um 13.32 Uhr in Frankfurt an. – Pünktlich um 13.32 Uhr . . . . . 3. Herr Breuer steigt schnell aus. – Schnell . . . . . 4. Der Zug fährt in zwei Minuten weiter. – In zwei Minuten . . . . . 5. Herr Breuer steigt dann in ein Taxi ein. Dann . . . . .

Übung 6

Der Zug fährt ab. (von Köln) Der Zug fährt von Köln ab.
(um 11 Uhr) Der Zug fährt um 11 Uhr von Köln ab.

1. Herr Müller steigt ein. (in Mainz / um 9 Uhr)
2. Der Zug fährt ab. (auf Bahnsteig 3 / heute)
3. Mein Freund kommt an. (hier / heute)

4. Peter steigt aus. (in München / um 7 Uhr)
5. Das Taxi kommt an. (dort / in zehn Minuten)
6. Fährst du weiter? (nach Bonn / jetzt)

Präpositionen

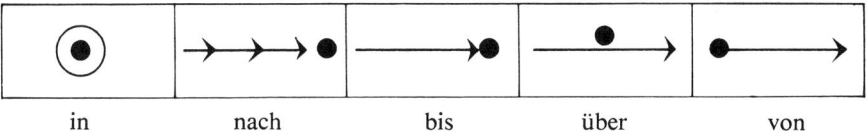

| in | nach | bis | über | von |

Übung 7 in, nach, bis, über, von?

1. Der Zug fährt . . . . . Köln . . . . . Frankfurt. **2.** Der Eilzug fährt nur . . . . . Mainz. **3.** Jetzt sind wir . . . . . Koblenz. **4.** Um wieviel Uhr sind wir . . . . . Frankfurt? **5.** Ich fahre heute . . . . . Stuttgart. **6.** Wie lange hat der D-Zug . . . . . Mainz Aufenthalt? **7.** Der D-Zug kommt um 13.32 Uhr . . . . . Frankfurt an. **8.** Fährt hier der Zug . . . . . München ab? **9.** Was kostet eine Fahrkarte . . . . . Hamburg? **10.** Frau Becker kommt . . . . . Hamburg und fährt . . . . . München. **11.** Der Zug München–Frankfurt fährt . . . . . Nürnberg und Würzburg. **12.** Der Zug hält nicht . . . . . Koblenz, sondern nur . . . . . Bonn und Mainz.

Tag – Monat – Jahr

Ein Tag hat 24 Stunden, er beginnt um null Uhr. Der Morgen, der Vormittag, der Mittag, der Nachmittag, der Abend und die Nacht sind die Tageszeiten.
Eine Woche hat sieben Tage: Montag, Dienstag, Mittwoch, Donnerstag und Freitag sind Arbeitstage; Sonnabend – in Süd- und Westdeutschland Samstag – und Sonntag sind das Wochenende.
Die Monate heißen auf Deutsch: Januar, Februar, März, April, Mai, Juni, Juli, August, September, Oktober, November und Dezember. Das sind die zwölf Monate.
Der Frühling, der Sommer, der Herbst und der Winter sind die Jahreszeiten.
In der Bundesrepublik Deutschland gibt es viele Feiertage, z. B. (zum Beispiel) Neujahr, Ostern, der erste Mai, Pfingsten und Weihnachten.

---

guten Morgen! – guten Tag! – guten Abend! – gute Nacht!

die Arbeit + der Tag → der Arbeitstag   vor + der Mittag → der Vormittag
die Woche + das Ende → das Wochenende   nach + der Mittag → der Nachmittag

der Tag + die Zeiten → die Tageszeiten (Plural)
das Jahr + die Zeiten → die Jahreszeiten (Plural)

Übung 8 *Negation*

> Ich fahre nach Köln. – Er fährt nicht nach Köln.
> Sie fährt auch nicht nach Köln.

1. Ich wohne in Köln.
2. Ich steige in Bonn ein.
3. Ich fahre um 6 Uhr ab.
4. Ich steige in Frankfurt aus.
5. Ich komme um 9 Uhr an.

6. Heute fahre ich nach München weiter.
7. Heute gehe ich in den Unterricht.
8. Jetzt fahre ich in die Stadt.
9. Heute komme ich pünktlich.
10. Heute arbeite ich viel.

> Ich kaufe ein Buch. – Er kauft kein Buch.
> Sie kauft auch kein Buch.

11. Ich sehe einen Lehrer.
12. Ich finde einen Platz.
13. Ich nehme eine Illustrierte.
14. Ich habe heute Kleingeld.

15. Jetzt schreibe ich einen Brief.
16. Heute habe ich Unterricht.
17. Jetzt habe ich Zeit.
18. Jetzt kaufe ich eine Fahrkarte.

> Ich kaufe das Buch. – Er kauft das Buch nicht.
> Sie kauft das Buch auch nicht.

19. Ich lese den Brief.
20. Ich nehme den Koffer.
21. Ich sehe Herrn Müller.
22. Ich verlasse den Bahnhof.

23. Heute lese ich den Satz.
24. Jetzt möchte ich das Buch.
25. Heute bezahle ich das Taxi.
26. Jetzt frage ich den Schaffner.

Übung 9 *Wortstellung*

> Es ist jetzt 8 Uhr. – Jetzt ist es 8 Uhr.

1. Der Unterricht beginnt um 9 Uhr. – Um 9 Uhr ..... **2.** Ich habe dann noch eine Stunde Zeit. – Dann ..... **3.** Der Unterricht ist um 12 Uhr aus. Um 12 Uhr ..... **4.** Die Schüler gehen dann nach Hause. Dann ..... **5.** Herr Müller fährt um 12 Uhr nach Hause. Um 12 Uhr ..... **6.** Er ist in zehn Minuten zu Hause. – In zehn Minuten ..... **7.** Ingrid arbeitet von 2 bis 4 Uhr zu Hause. – Von 2 bis 4 Uhr .....

Übung 10 *Wiederholung:* Uhr *oder* Stunde?

1. Der Zug fährt um 8 ..... ab und kommt um 10 ..... an. Er fährt zwei .....
2. Der Unterricht dauert von 9 ..... bis 12 ..... Er dauert drei ..... **3.** Wir haben
heute sechs ..... Unterricht. **4.** Haben Sie eine .....? Bitte, wieviel ..... ist es? –
Es ist ein ...... **5.** Frau Becker hat in München drei ..... Aufenthalt; sie geht
in die Stadt und kauft eine ...... **6.** Ich arbeite heute nur zwei ..... Um 11 .....
fahre ich nach Hause. **7.** Jetzt ist es 6 ...... Ich habe noch eine ..... Zeit. Um
7 ..... fährt mein Zug. **8.** Wieviel ..... ist es? – 6 ..... schon! Dann habe ich nur
noch eine ..... Zeit.

Übung 11 *Fragen zum Text*

1. Wo wohnt Herr Breuer? **2.** Wohin fährt er heute? (Wo fährt er heute hin?)
3. Wann fährt sein Zug? **4.** Ist der Bahnhof in Köln groß? **5.** Fahren viele Leute
von Köln ab? **6.** Was kauft Herr Breuer zuerst? **7.** Herr Breuer ist auf Bahnsteig 5.
Was sieht er? **8.** Was fragt er? **9.** Wen fragt er das? **10.** Herr Breuer steigt ein.
Wohin geht er? **11.** Findet er noch einen Platz? **12.** Liest er die Illustrierte?
13. Kommt der Zug pünktlich in Frankfurt an? **14.** Steigt Herr Breuer aus? **15.** Hat
er nur eine Tasche? **16.** Findet ein Taxi? **17.** Wohin fährt er? **18.** Wann ist er
dort?

Sie machen eine Reise. Wohin fahren Sie? Wann fahren Sie ab? Wann kommen Sie
an? Wie lange dauert die Fahrt? Wieviel Zeit haben Sie?

Herr und Frau Braun haben Besuch

Herr und Frau Braun sitzen zu Hause
und warten. Herr Braun fragt seine Frau:
„Hast du eine Zigarette?"
Sie gibt ihrem Mann eine Zigarette.
Aber sie sagt: „Du rauchst zu viel!"

Herr und Frau Braun bekommen Besuch.
Sie geben ihrem Gast die Hand.
„Wie geht es deiner Frau und deinen
Kindern?"
„Meiner Frau und den Kindern geht
es gut, danke. – Und wie geht es eurem
Sohn?"

Frau Braun bietet dem Gast
ein Stück Kuchen an.
Herr Braun bietet seinem Freund
eine Zigarette an.
Walter lehnt ab. „Danke!
Zigaretten schaden der Gesundheit,
und Kuchen schadet der Figur."

Da unten steht ein Auto.
Wem gehört es?
Gehört es Herrn Braun?
Nein, es gehört seiner Firma.
Es ist ein Firmenwagen.
Herr Braun fährt seinen Freund in die
Stadt.

Walter dankt seinen Freunden herzlich.
„Hoffentlich kommst du bald wieder!"
„Ja, sehr gern. Aber jetzt bin ich in Eile.
Mein Zug fährt schon um 7 Uhr."
„Das ist sehr schade!"

Ein Freund kommt

Es ist Sonnabend, 3 Uhr nachmittag. Herr und Frau Braun sitzen zu Hause und lesen. Da klingelt es. Ein Briefträger kommt und gibt Frau Braun ein Telegramm. Sie macht es auf und sagt:

„Du Paul, ein Telegramm von Walter! Er kommt heute. Er fährt nach Hamburg und unterbricht seine Reise hier in Frankfurt. Sein Zug kommt schon um 3.35 Uhr an."
„Oh, Walter kommt. Das ist aber schön! Um 3.35 Uhr sagst du? Dann ist er ja schon um 4 Uhr hier."
„Und wir haben nicht mehr viel Zeit."
„Was bieten wir unserem Gast denn an?"
„Kaffee natürlich. Aber Kuchen brauchen wir noch."
„Ich gehe schon; in zehn Minuten bin ich wieder da."

Herr Braun ist bald zurück, dann hilft er seiner Frau und deckt den Tisch.

Walter kommt um 4 Uhr. Herr und Frau Braun begrüßen ihren Freund herzlich. Dann gehen sie zusammen ins Zimmer. Frau Braun bietet Kaffee und Kuchen an. „Möchtest du jetzt eine Zigarette, Walter?" fragt Herr Braun seinen Freund. Der lehnt aber ab: „Danke, ich rauche nicht mehr. Zigaretten schaden meiner Gesundheit."
„Aber ein Stück Kuchen nimmst du noch?"
„Nein danke! Dein Kuchen ist sehr gut, aber Kuchen schadet meiner Figur."

Walter erzählt seinen Freunden viel, und die Zeit vergeht schnell. Schließlich sagt er:

„Jetzt ist es aber Zeit. Mein Zug fährt leider schon um 7 Uhr. Hoffentlich finde ich hier ein Taxi."
„Aber Walter, du brauchst doch kein Taxi. Das Auto da unten gehört meiner Firma. Wir fahren zusammen in die Stadt, und du erreichst deinen Zug bestimmt."

Frau Braun gibt dem Freund die Hand: „Auf Wiedersehen, Walter, und gute Reise! Hoffentlich kommst du bald wieder." – „Das hoffe ich auch. Auf Wiedersehen und vielen Dank!"

Herr und Frau Braun begrüßen ihren Gast

Herr Braun: Da bist du ja, Walter! Herzlich willkommen! Du kommst auch wieder einmal nach Frankfurt?

Walter: Ja, aber leider ist mein Besuch diesmal sehr kurz. Ich mache gerade eine Geschäftsreise und fahre schon heute abend nach Hamburg weiter.

Herr Braun: Schade, da haben wir ja nur wenig Zeit! Wie geht es denn zu Hause?

Frau Braun: Wie geht's deiner Frau und den Kindern?

Walter: Danke, sehr gut! Wir sind alle gesund, und das ist ja die Hauptsache. Mein Sohn studiert jetzt in Heidelberg.

Herr Braun: Und was macht deine Tochter? Studiert sie auch schon?

Walter: Nein, nein, Erika geht noch in die Schule; sie ist jetzt sechzehn.

Frau Braun: Gehen wir doch ins Zimmer! Du möchtest bestimmt eine Tasse Kaffee.

Walter: Ja, sehr gern! Vielen Dank!

---

schaden – Zigaretten schaden **der** Gesundheit
danken – ich danke mein**em** Freund
bitten – ich bitte meinen Freund
danke! – vielen Dank!
bitte! – ich habe eine Bitte
danke! = danke ja! oder danke nein!

Das ist aber schön – Das ist aber teuer! – Jetzt ist es aber Zeit!

der Abend – heute abend   der Nachmittag – drei Uhr nachmittag

Wie geht es .....? Wie geht es dein**em** Freund (dein**er** Frau, dein**en** Kindern)?
Wie geht's? – Wie geht es zu Hause? – Danke gut!

Was macht .....? Was macht Erika? – Was macht das Geschäft?
Was macht das? = Wieviel kostet alles zusammen? – Das macht 4.50 DM.
Machen Sie schnell! Der Zug fährt ab.

Er kommt schon um 3 Uhr.
Studiert sie schon? – Nein, sie studiert noch nicht. Sie geht noch in die Schule.

Fritz studiert = er besucht die Universität
Erika studiert noch nicht = sie geht noch in die Schule

Das Nomen

Der Dativ

Der Schaffner antwortet **dem** Mann. – Wir helfen **dem** Kind. – Das Auto gehört **meiner** Firma. – Wie geht es **den** Kindern? – Wir danken Herrn Braun.

		maskulin		*neutral*		*feminin*	
Singular	N:	der	Freund	das	Kind	die	Tasche
	A:	den	Freund	das	Kind	die	Tasche
	D:	**dem**	Freund	**dem**	Kind	**der**	Tasche
Plural	N:		die Freunde	(Kinder,	Taschen)		
	A:		die Freunde	(Kinder,	Taschen)		
	D:		**den** Freunden	(Kindern,	Taschen)		
Singular	N:	mein	Freund	mein	Kind	meine	Tasche
	A:	meinen	Freund	mein	Kind	meine	Tasche
	D:	**meinem**	Freund	**meinem**	Kind	**meiner**	Tasche
Plural	N:		meine Freunde	(Kinder,	Taschen)		
	A:		meine Freunde	(Kinder,	Taschen)		
	D:		meinen Freunden	(Kindern,	Taschen)		
Singular		dem		dem		der	
Plural			den . . . . . n				

Dativ Plural: Das Nomen hat immer die Endung -n.

Das Fragepronomen „wem?"

Wem gehören die Bücher? – Sie gehören **dem** Freund (**dem** Kind, **der** Frau; Herrn Braun)
Sie gehören **den** Freunden (**den** Kindern, **den** Frauen)

Wem? fragt nur nach Personen.

Übung 1 *Was machen wir? – Und was sagt Frau Braun?*

Ich nehme ein Stück Kuchen. – Nein, der Kuchen gehört doch den Kindern.

1. Fritz / die Illustrierte.   – Nein, die Illustrierte . . . . . meiner Freundin.

2. Wir / die Zeitung.	– Nein, die Zeitung . . . . . dem Vater.
3. Rita / die Hefte.	– Nein, die Hefte . . . . . Herrn Müller.
4. Du / Zigaretten.	– Nein, die Zigaretten . . . . . den Gästen.

Übung 2 *Wer antwortet wem? – Wer hilft wem?*

> ich / der Lehrer: Ich antworte dem Lehrer.

a) 1. die Mutter / das Kind **2.** das Kind / die Mutter **3.** Fräulein Rita / Herr Müller
4. der Schaffner / die Leute **5.** der Mann / der Briefträger

b) Wer hilft wem? – **1.** die Mutter / die Töchter **2.** der Lehrer / viele Schüler **3.** du /
die Kinder **4.** der Vater / sein Sohn **5.** wir / unsere Freunde

c) Wer dankt wem? – **1.** ich / die Verkäuferin **2.** der Gast / Herr Braun **3.** ich / meine
Freundinnen **4.** Frau Braun / der Briefträger **5.** der Vater / seine Tochter

Der Dativ und der Akkusativ

Er gibt *dem* Freund *den* Bleistift. – Er kauft *dem* Kind *ein* Heft. – Sie zeigt *der* Freundin *den* Brief. – Sie bietet *den* Gästen Kaffee an.

Herr Braun	gibt	**dem** Gast	einen Brief.
		den Gästen	
Erika	zeigt	**der** Freundin	**das** Buch.
		den Freundinnen	

Der Dativ hat den **bestimmten Artikel (dem, der, den)**: Zuerst kommt der Dativ und dann der Akkusativ.

Übung 3 *Bilden Sie Fragen!*

> Wir kaufen dem Kind ein Buch. – Wem kaufen wir ein Buch? – Dem Kind.
> Was kaufen wir dem Kind? – Ein Buch.

1. Der Briefträger gibt Frau Braun ein Telegramm. **2.** Der Mann gibt seinen Kindern viel Geld. **3.** Der Lehrer erklärt den Schülern den Satz. **4.** Ich schreibe Herrn Müller einen Brief. **5.** Frau Braun gibt dem Gast den Koffer und die Tasche. **6.** Sie bietet Walter Kuchen an. **7.** Ich kaufe meinem Freund eine Fahrkarte. **8.** Walter zeigt seinem Freund das Haus. **9.** Du gibst dem Briefträger das Geld. **10.** Wir zeigen den Leuten die Stadt. **11.** Herr Breuer schreibt seiner Frau eine Karte. **12.** Wir bieten dem Gast einen Platz an.

Übung 4

> (die Schüler) – Wem erklärt Herr Müller einen Satz? – Er erklärt den Schülern
> einen Satz.

1. (der Briefträger) Wem gibst du eine Zigarette? **2.** (meine Freundinnen) Wem bietest du eine Tasse Kaffee an? **3.** (Herr Braun) Wem schreibt Inge einen Brief? **4.** (die Kinder) Wem gibt die Mutter ein Stück Kuchen? **5.** (sein Sohn und seine Tochter) Wem kauft Herr Müller ein Auto? **6.** (die Gäste) Wem bietet er Zigaretten an?

Possessivpronomen

Ich habe einen Freund, das ist *mein* Freund.
        ein   Buch,   das ist *mein* Buch.
        eine Uhr,   das ist *meine* Uhr.
        viele Freunde, das sind *meine* Freunde.

	Sing. maskulin	*neutral*	*feminin*	*Plural*
ich	mein Freund	mein Buch	meine Uhr	meine Freunde (Bücher, Uhren)
du	dein Freund	dein Buch	deine Uhr	deine Freunde (Bücher, Uhren)
er, es	sein Freund	sein Buch	seine Uhr	seine Freunde (Bücher, Uhren)
sie	ihr Freund	ihr Buch	ihre Uhr	ihre Freunde (Bücher, Uhren)
wir	unser Freund	unser Buch	unsere Uhr	unsre Freunde (Bücher, Uhren)
ihr	euer Freund	euer Buch	eure Uhr	eure Freunde (Bücher, Uhren)
sie	ihr Freund	ihr Buch	ihre Uhr	ihre Freunde (Bücher, Uhren)
Sie	Ihr Freund	Ihr Buch	Ihre Uhr	Ihre Freunde (Bücher, Uhren)

Übung 5

> Richard hat einen Gast. Er begrüßt seinen Gast.

1. Richard und Erika haben Gäste. Sie zeigen . . . . . Gästen das Haus. **2.** Guten Tag Walter, wie geht es . . . . . Frau und . . . . . Kindern? **3.** Guten Tag Herr Müller, wie geht es . . . . . Frau, und was macht . . . . . Tochter? **4.** Ich hoffe, Walter erreicht . . . . . Zug noch. **5.** Frau Braun erreicht . . . . . Zug bestimmt nicht mehr. **6.** Richard raucht nicht. Zigaretten schaden . . . . . Gesundheit. **7.** Erika nimmt keinen Kuchen. Das schadet . . . . . Figur. **8.** Wir schreiben . . . . . Vater einen Brief. Schreibt ihr . . . . . Vater auch? **9.** Wir fahren heute nach München. . . . . . Zug fährt um 9 Uhr. **10.** Die Schüler sagen: „Herr Müller ist . . . . . Lehrer. Sehen Sie dort . . . . . Lehrer?

Wir geben . . . . . Lehrer jetzt . . . . . Hefte." **11.** Rita fragt Hans und Peter: „Wie geht es . . . . . Freund Richard? Was macht denn . . . . . Freund Richard?" **12.** Die Schüler geben Herrn Müller . . . . . Arbeiten, schließen . . . . . Hefte und gehen nach Hause.

Unsere Familie

Meine Eltern sind aus Norddeutschland, mein Vater ist aus Bremen und meine Mutter aus Kiel. Wir wohnen jetzt in Stuttgart. Ich habe zwei Geschwister. Meine Schwester Erika ist zwölf Jahre alt und geht noch in die Schule, mein Bruder Hans studiert in München.
Meine Großeltern leben leider nicht mehr, sie sind schon lange tot. Aber ich habe noch einen Onkel in Leipzig und eine Tante in Kiel. Mein Onkel hat zwei Kinder. Mein Vetter Günther und meine Kusine Helga sind noch klein. Helga geht noch nicht in die Schule. Hoffentlich kommen sie einmal nach Stuttgart, denn ich kenne sie noch nicht.

Übung 6 Was macht Rita gern? – oder – Was macht sie nicht gern?

1. das Buch lesen: Sie liest das Buch gern. – Sie liest das Buch nicht gern.
arbeiten – rauchen – ihrem Freund helfen – ihrer Freundin das Buch geben – die Rechnung bezahlen – die Arbeit machen – die Wörter lernen.
2. Deutsch lernen: Sie lernt gern Deutsch. – Sie lernt nicht gern Deutsch.
nach Hause fahren – Gäste haben – zu Hause arbeiten – Auto fahren – eine Reise machen – zwanzig Sätze schreiben – Kuchen kaufen.

Übung 7 *Antworten Sie* ja *oder* nein*!*

> Haben Sie die Bücher schon? – Ja, ich habe die Bücher schon.
> Nein, ich habe die Bücher noch nicht.

1. Kennen Sie Herrn Müller schon? **2.** Liest Herr Müller das Buch schon? **3.** Kennt Frau Becker ihre Schüler schon? **4.** Brauchen wir die Bücher heute schon? **5.** Haben Sie ihre Fahrkarte schon? **6.** Kennen Sie die Stadt schon? **7.** Haben Sie Ihren Kaffee schon? **8.** Kennen Sie meine Freundin schon?

Übung 8

> Geht Erika schon in die Schule? – Ja, sie geht schon in die Schule.
> Nein, sie geht noch nicht in die Schule.

1. Ist Walter schon da? **2.** Sind wir schon in Frankfurt? **3.** Steigen Sie schon aus? **4.** Fährt der Zug schon ab? **5.** Sitzen Sie schon lange hier? **6.** Ist der Unterricht schon aus?

Übung 9 *Bilden Sie Sätze (Fragen und Antworten)!*

1. Verben:

a) Verb + Akk.			**b)** Verb + Dat.	**c)** Verb + Dat. u. Akk.	
ablehnen	fragen	rauchen	antworten	anbieten	kaufen
begrüßen	haben	schließen	danken		nehmen
brauchen	hören	sehen	gehören	diktieren	
erreichen	kennen	suchen	helfen	erklären	schreiben
finden	lesen	verstehen		geben	zeigen

2. *Personen:* Briefträger, Eltern, Familie, Frau, Freund, Freundin, Gast, Großmutter, Kind, Kusine, Leute, Mann, Mutter, Onkel, Schaffner, Sohn, Tante, Tochter, Vater

3. *Sachen:* Bleistift, Brief, Buch, Fahrkarte, Fenster, Geld, Heft, Karte, Koffer, Kuchen, Platz, Stuhl, Tasche, Taxi, Telegramm, Tür, Wörterbuch, Zeitung, Zigarette, Zimmer

Übung 10 *Fragen und Aufgaben zu den Texten*

1. Was machen Herr und Frau Braun? **2.** Es klingelt. Wer kommt? **3.** Was hat der Briefträger? **4.** Frau Braun liest das Telegramm. Was sagt sie? **5.** Um wieviel Uhr kommt der Zug? **6.** Wieviel Uhr ist es jetzt? **7.** Haben Herr und Frau Braun noch viel Zeit? **8.** Was macht Herr Braun? **9.** Wann kommt Walter? **10.** Was bietet Frau Braun ihrem Gast an? **11.** Raucht Walter dann eine Zigarette? **12.** Er lehnt ab. Was sagt er? **13.** Nimmt er noch ein Stück Kuchen? **14.** Wann fährt sein Zug? **15.** Braucht er ein Taxi? **16.** Hat Herr Braun ein Auto? Ist das sein Auto? **17.** Erreicht Walter den Zug noch?

Ändern Sie den Dialog (Seite 53): Ihr Freund Peter kommt. Er hat zwei Tage Zeit. Er hat einen Sohn und zwei Töchter. Seine Frau ist krank. Er möchte keinen Kaffee, sondern Tee; Kaffee schadet seiner Gesundheit.

Bitte erzählen Sie! Wo lebt Ihre Familie? Haben Sie noch Geschwister? Leben Ihre Großeltern noch? Kennen Sie Ihre Vettern und Kusinen?

Zwei Studenten in München

Sehen Sie das Haus? Elisabethplatz 30? Hier wohnt Peter mit seinem Freund Hans bei Familie Krüger. Die Freunde kommen gerade aus dem Haus. Hans geht zu Fuß zur Universität, Peter fährt mit dem Fahrrad. Für den Weg braucht er ungefähr zehn Minuten.

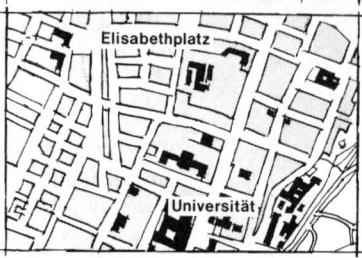

Peter geht mit Hans zum Essen. Sie kommen aus der Universität, gehen rechts um die Ecke, dann die Straße entlang zu einem Gasthaus.

Zuerst lesen sie die Speisekarte. Das Menü ist meistens nicht so teuer.
Heute gibt es eine Suppe, Fleisch mit Gemüse und Kartoffeln und zum Nachtisch Apfelkuchen.

„Zwei Menü, einmal mit Suppe, einmal ohne Suppe, und ein Bier, bitte!"

„Hallo, Herr Ober, bitte wann bringen Sie unser Essen?"
„Sofort, meine Herren, das Essen kommt sofort!"

Bis 9 Uhr arbeitet Hans für seine Prüfung.
Nach 9 Uhr sitzt er mit Krügers beim Fernsehen.
Gegen 11 Uhr geht er zu Bett, denn er ist sehr müde.

Peter und Hans studieren in München

Seit einem Monat studiert Peter in München. Er wohnt mit seinem Freund Hans bei Familie Krüger, Elisabethplatz 30. Herr Krüger ist Kaufmann, seine Frau ist Hausfrau. Die Wohnung ist nicht weit von der Universität und liegt gegenüber der Post.

Morgens um 8 Uhr geht Peter aus dem Haus und fährt mit dem Fahrrad zur Universität. Hans geht immer zu Fuß, denn der Weg ist nicht weit. Vom Elisabethplatz zur Universität braucht er ungefähr zehn Minuten.

Mittags geht Peter mit Hans zum Essen. Sie gehen die Ludwigstraße entlang, dann links um die Ecke zum Gasthaus „Altschwabing". Dort ißt man sehr gut. Gewöhnlich bestellen sie das Menü. Das ist nicht so teuer und geht schnell. Nach dem Essen lesen sie manchmal noch eine Zeitung oder eine Illustrierte und trinken ein Glas Bier oder eine Tasse Kaffee.

Dann geht Peter wieder zur Universität, denn er hat nachmittags noch Vorlesungen. Hans macht manchmal einen Spaziergang durch den Park, dann geht er nach Hause und arbeitet für seine Prüfungen. Abends essen Peter und Hans meistens zu Hause. Nach dem Abendessen arbeiten sie gewöhnlich nicht mehr sehr viel. Sie gehen spazieren, besuchen Krügers zum Fernsehen, gehen ins Kino oder ins Theater, oder sie sitzen mit ihren Freunden zusammen. In Schwabing* gibt es viele Weinstuben und Beatkeller; dort sitzt man bis nach Mitternacht, redet oder hört Musik.

Guten Appetit!

Hans und Peter gehen ins Gasthaus. Sie rufen den Ober.

Peter: Herr Ober, die Speisekarte bitte!

Ober: Hier, meine Herren! Möchten Sie das Menü zu 4.80? Das ist heute sehr gut.

Peter: Was gibt's denn? Hm, Gemüsesuppe, Rindfleisch mit Kartoffeln und Salat, und einen Nachtisch. Ja, bringen Sie mir das, und ein Bier bitte!

Hans: Ich nehme auch das Menü, aber ohne Suppe bitte.

Ober: Und was trinken Sie?

Hans: Jetzt noch nichts; aber nach dem Essen möchte ich eine Tasse Kaffee.

Peter: Dauert es lange?

Ober: Aber nein, ich bringe die Suppe sofort.

Nach dem Essen

Peter: Herr Ober, bitte zahlen!

Ober: Alles zusammen?

---

* Schwabing ist ein Stadtteil von München.

Peter: Nein; ich bezahle das Menü und ein Bier.
Ober: Das macht 4,80 und 90; 5,70 bitte!
Hans: Und ich habe ein Menü ohne Suppe, zwei Brötchen und einen Kaffee.
Ober: 4,50, 30 und 90; das macht auch 5,70.

Beide Freunde geben dem Kellner sechs Mark, und Hans sagt:

Hans: Danke, das ist schon richtig so!
Ober: Danke sehr, meine Herren! Auf Wiedersehen!

Hier ißt *man* sehr gut, und *man* zahlt nicht so viel.
Der Weg ist nicht weit. *Man* braucht nur zehn Minuten.

er geht *nach* Hause – er ißt heute *zu* Hause – er kommt von *zu* Hause
er geht *zu* Bett   – er geht *zu* Fuß

zahlen: Herr Ober, bitte *zahlen!* – Hans *zahlt* 6 Mark (Geld) für das Essen.
bezahlen: Er *bezahlt* die Rechnung; er *bezahlt* das Menü, das Bier

Herr Krüger ist Kaufmann – Herr Müller ist Lehrer – Herr Meier ist Schaffner
Frau Krüger ist Hausfrau – Robert ist Student – Herr Ebert ist Briefträger

wir gehen zu Krüger*s* – wir gehen zu Familie Krüger

Präpositionen

Präpositionen mit dem Dativ

lokal	aus	Peter geht **aus dem** Haus. Richard kommt **aus** London. Er wohnt dort. Kaffee trinkt man **aus einer** Tasse.
	von	Das Geld ist **von meinem** Vater. Der Zug kommt **von** Mainz. Ich komme **von** zu Hause.
	nach	Wir fahren **nach** Köln. Stadt, Land Er reist **nach** Amerika. *(ohne Artikel)* Er geht **nach** oben. *Adverb* Wir gehen **nach** Hause. *Ausnahme*

zu	→→• □•	Wir gehen **zu** einem Freund. Wir gehen **zur** Universität. Wir gehen **zum** Essen. Ich bin **zu** Hause.	Person Haus *Infinitiv* *Ausnahme*
bei	⭕•	Hans wohnt **bei seiner** Tante. Das Gasthaus ist **beim** Bahnhof.	
gegenüber	|←→|	Die Wohnung liegt **gegenüber der** Post. Hans sitzt seinem Freund **gegenüber**.	

temporal	nach	⏱	**Nach der** Vorlesung geht er spazieren. Ich komme **nach dem** Essen.
	seit	⏱	Ich wohne **seit einer** Woche in München. Er studiert **seit einem** Jahr.
	mit	⭕	Ich schreibe **mit einem** Füller. Wir fahren **mit dem** D-Zug. Er ißt Rindfleisch **mit** Kartoffeln.

aus, bei, mit, nach, seit, von, zu, gegenüber immer mit dem Dativ

bei dem → beim   zu dem → zum
von dem → vom   zu der → zur

Übung 1

Woher kommen Sie? (die Schule) – Ich komme (gerade) aus der Schule.

1. die Universität **2.** mein Zimmer **3.** das Gasthaus **4.** die Bundesrepublik **5.** die Vorlesung **6.** meine Wohnung **7.** die Weinstube **8.** der Beatkeller **9.** das Kino

Mein Freund kommt. Ich frage: „Woher kommst du?" (meine Firma) – „Ich komme von meiner Firma."

10. eine Vorlesung **11.** meine Freunde **12.** das Mittagessen **13.** Herr Braun **14.** der Elisabethplatz **15.** zu Hause **16.** meine Eltern **17.** der Bahnhof **18.** die Post

> (der Brief/mein Onkel) Von wem ist der Brief? – Er ist von meinem Onkel.

19. die Uhr/ein Freund **20.** der Kuchen/meine Mutter **21.** der Koffer/Herr Breuer
22. das Geld/meine Eltern **23.** die Arbeiten/unsere Schüler **24.** die Karte/meine
Geschwister **25.** das Buch/Heinrich Böll

Übung 2

> (Sie/das Essen) Wohin gehen Sie jetzt? – Ich gehe zum Essen.

1. Peter/Universität **2.** wir/Herr Müller **3.** Richard/seine Freunde **4.** die Kinder/
ihre Eltern **5.** du/meine Geschwister

> (Herr Krüger/die Post) Ich komme von Herrn Krüger und gehe jetzt zur Post.

6. die Universität/das Essen **7.** zu Hause/die Universität **8.** der Bahnhof/meine
Eltern **9.** meine Firma/Herr Braun **10.** das Kino/mein Freund

> Er kommt von Hannover und fährt nach Frankfurt.

11. Ich komme . . . . . oben und gehe . . . . . unten. **12.** Das Auto kommt . . . . .
rechts und fährt . . . . . links.

Übung 3

> (das Essen) Was machst du nach dem Essen? – Nach dem Essen arbeite ich.

1. (die Vorlesung) . . . . . ? – . . . . . besuche ich meinen Onkel. **2.** (die Feiertage) . . . . . ?
– . . . . . fahre ich nach Bremen. **3.** (das Kino) . . . . . ? – . . . . . gehe ich in eine
Weinstube. **4.** (das Theater) . . . . . ? – . . . . . gehe ich zu meinem Freund.

> (der Frühling) Was kommt nach dem Frühling? – Nach dem Frühling kommt der
> Sommer.

5. der Januar **6.** der Sonntag **7.** die Nacht **8.** der Nachmittag **9.** der Herbst

> (Paul/eine Woche): Seit wann ist Paul wieder hier? – Er ist seit einer Woche wieder
> hier.

10. Erika/zehn Tage **11.** Peter/ein Jahr **12.** du/drei Monate

> Seit wann studiert Erika in München? (vier Monate) – Sie studiert seit vier Monaten in München.

13. Seit wann ist Frau Becker krank? (14 Tage) **14.** Seit wann kennen Sie Herrn Krüger? (1 Jahr) **15.** Seit wann ist Stefan wieder gesund? (4 Tage) **16.** Seit wann rauchen Sie nicht mehr? (3 Wochen) **17.** Seit wann lernen Sie Deutsch? (2 Jahre)

Übung 4 mit

> (ein Füller) Peter schreibt mit einem Füller.

1. (ein Kugelschreiber) Ich schreibe . . . . . **2.** (ihre Tante) Rita geht . . . . . spazieren. **3.** (Herr Müller) Der Briefträger redet gern . . . . . **4.** (unsere Freunde) Wir gehen oft . . . . . ins Theater. **5.** (sein Bruder) Richard arbeitet gern . . . . . . **6.** (sechs Wörter) Bilden Sie einen Satz . . . . . **7.** (ein Zehnmarkschein) Hans bezahlt die Rechnung . . . . . **8.** (sein Freund) Er wohnt . . . . . bei Familie Krüger. **9.** (seine Freundin, meine Freundin) Hans ißt heute . . . . ., und ich esse . . . . .

Übung 5 bei

> (mein Freund) Wo sind Sie heute abend? – Bei meinem Freund.

1. (Familie Krüger) Wo wohnt Robert? **2.** (meine Eltern) Wo essen Sie morgen abend? **3.** (ihre Geschwister) Wo ist Erika? **4.** (der Ober) Bei wem bestellen Hans und Robert das Menü? **5.** (die Verkäuferin) Bei wem bezahlt er das Buch?

Präpositionen mit dem Akkusativ

lokal	durch		Hans geht **durch den** Park. Ich sehe **durchs** Fenster. Er fährt **durch** Frankreich nach Spanien.
	gegen		Das Auto fährt **gegen ein** Haus.
	um		Wir sitzen **um den** Tisch. Das Auto fährt **um die** Stadt.
	entlang		Wir fahren die Straße **entlang**.

temporal	gegen		Er kommt heute **gegen** 8 Uhr zum Essen.
	um		Er kommt heute **um** 8 Uhr zum Essen. Der Zug fährt **um** 7.42 Uhr ab.
	für		Der Vater arbeitet **für seine** Familie. Hier ist ein Brief **für** Peter.
	gegen		Walter ist **gegen das** Rauchen.
	ohne		Peter geht **ohne seinen** Freund spazieren. Das Menü **ohne** Suppe bitte!

durch, für, gegen, ohne, um, entlang immer mit dem Akkusativ

entlang steht nach dem Nomen (es ist meist Verbzusatz)

durch das → durchs   für das → fürs   um das → ums

Übung 6   Wie geht Peter nach Hause?

1. (die Ludwigstraße) Er geht oft durch . . . . .   **2.** (der Park) Manchmal geht er durch . . . . .   **3.** (die Talstraße) Meistens fährt er mit dem Fahrrad . . . . . entlang.   **4.** (die Ecke) Links um . . . . . kommt er dann zum Elisabethplatz.   **5.** (die Stadt) Um 5 Uhr fährt er nicht gern durch . . . . ., denn dann fahren sehr viele Autos.

Wie ist es in einer Weinstube?

6. (ein Tisch) Man sitzt da um . . . . . und redet.   **7.** (mein Freund) Ich bestelle auch ein Glas Wein für . . . . . .   **8.** (das Rauchen) Ich rauche, aber mein Freund ist gegen . . . . . .   **9.** (deine Gesundheit) „Zigaretten sind nicht gut für . . . . . .", sagt er.

Der Briefträger kommt. Was hat er alles?

> (ein Brief/Frau Becker) Er hat einen Brief für Frau Becker.

10. eine Karte/ihr Mann   **11.** die Zeitung/der Kaufmann   **12.** ein Buch/Herr Müller   **13.** nichts/mein Freund

Übung 7   mit *oder* ohne?

1. Peter geht heute . . . . . seiner Freundin spazieren.   **2.** Man sieht Hans nicht oft . . . . . seinen Freund Peter.   **3.** Er ist meistens . . . . . seinem Freund zusammen.

4. Fahren Sie . . . . . dem Auto oder . . . . . dem Fahrrad? **5.** Heute ist Ihre Übung . . . . . einen Fehler. **6.** Aber auch die Übung hier . . . . . nur einem Fehler ist noch sehr gut. **7.** Kommt Paul . . . . . seinen Geschwistern? – Nein, ich denke, er kommt . . . . . die Geschwister.

Das Zeitadverb

Peter geht *mittags* in ein Gasthaus; *abends* ißt er meistens zu Hause. Ein Schaffner arbeitet auch *sonntags*.

Nomen	Adverb	Nomen	Adverb
der Morgen	morgens	der Abend	abends
der Vormittag	vormittags	die Nacht	nachts
der Mittag	mittags	der Sonntag	sonntags
der Nachmittag	nachmittags	der Montag usw.	montags

Übung 8

1. Wir haben . . . . . (Morgen) und . . . . . (Nachmittag) Vorlesungen. **2.** Ich esse . . . . . (Mittag) immer um 1 Uhr. **3.** In der Bundesrepublik arbeitet man . . . . . (Sonntag) nicht. **4.** . . . . . (Freitag) fahre ich oft nach Hause. **5.** Ich fahre . . . . . (Nacht) nicht gern Auto. **6.** Ich trinke . . . . . (Abend) ein Glas Bier; . . . . . (Mittag) trinke ich Kaffee.

Wortstellung

			0	I	II	III
Peter	geht	ins Gasthaus,	aber	Hans	bleibt	zu Hause.
Wir	gehen	zu Bett,	denn	wir	sind	müde.
Peter	liest		und	Hans	schreibt	einen Brief.
Sie	lesen	Zeitungen	oder	(sie)	arbeiten	zusammen.
Er	arbeitet	heute nicht,	sondern	(er)	geht	spazieren.

Beachten Sie die Stellung von aber, denn, und, oder, sondern!

Übung 9 *Verbinden Sie die zwei Sätze!*

Wir gehen zu Bett. Wir sind müde. (denn) – Wir gehen zu Bett, denn wir sind müde.

1. Sie lesen die Zeitung. Sie trinken eine Tasse Kaffee. (und) **2.** Hans geht **zu** Fuß. Er hat kein Fahrrad. (denn) **3.** Sie gehen nicht ins Kino. Sie machen einen Spaziergang. (sondern) **4.** Trinken Sie ein Glas Bier? Möchten Sie eine Tasse Kaffee? (oder) **5.** Er fährt mit dem Taxi. Er hat keine Zeit. (denn) **6.** Hans ißt das Menü. Inge ißt nur Salat. (aber) **7.** Er geht nicht in die Vorlesung. Er arbeitet zu Hause. (sondern) **8.** Walter raucht nicht. Das Rauchen schadet seiner Gesundheit. (denn)

Die Mahlzeiten bei Familie Krüger

Krügers frühstücken gewöhnlich um 7 Uhr. Herr Krüger ißt Schwarzbrot mit Butter und Käse und trinkt dazu zwei Tassen Kaffee mit wenig Milch und viel Zucker. Frau Krüger ißt nur ein Brötchen mit Marmelade. Die Kinder trinken Milch zum Frühstück. Für die Pause gibt Frau Krüger den Kindern Brot mit Wurst oder Schinken in die Schule mit.
Nur sonnabends und sonntags essen Krügers zusammen zu Mittag. Sonst geht Herr Krüger zum Mittagessen in die Kantine. Da gibt es einen Teller Suppe, Fleisch oder Fisch mit Gemüse oder Salat und Kartoffeln, Reis oder Nudeln. Zum Nachtisch gibt es immer eine Süßspeise, aber die ißt Herr Krüger nicht. Er gibt sie einer Kollegin. Zum Essen trinkt er meistens ein Glas Bier.
Die Kinder kommen gegen ein Uhr von der Schule und essen zu Hause. Frau Krüger kocht sehr gut, aber Fleisch gibt es nicht immer, denn das ist ziemlich teuer. Die Kinder trinken mittags Saft und essen zum Nachtisch Obst, denn, so sagt Frau Krüger, das ist sehr gesund.
Zu Abend essen Krügers meist kalt. Es gibt Brot und Fleisch, Wurst oder Käse, Eier und Salat. Dazu trinken sie Tee. Nach dem Essen trinken Herr und Frau Krüger noch gern eine Flasche Wein.

---

wir frühstücken – wir essen *zu Mittag* – wir essen *zu Abend*
wir essen warm – wir essen kalt
das Obst, das sind z. B. Äpfel, Birnen, Apfelsinen
Herr Krüger ißt Schwarzbrot und trinkt *dazu* zwei Tassen Kaffee.
Sonnabends und sonntags ißt er zu Hause, *sonst* geht er in die Kantine.

Übung 10   zu Hause *oder* nach Hause?

1. Herr Krüger kommt abends um 6 Uhr . . . . . ; mittags ißt er nicht . . . . . . **2.** Heute abend trinken wir . . . . . noch eine Flasche Wein. **3.** Arbeitet Hans oft . . . . . ? – Ja, er geht mittags nach dem Essen . . . . . . Dann sitzt er meistens . . . . . und arbeitet. **4.** Guten Tag, Paul! Wie geht es denn . . . . . ? Ich höre, deine Frau ist krank. **5.** Ich komme gerade von . . . . . ; meiner Frau geht es schon wieder gut. **6.** Sind Sie um 9 Uhr noch . . . . . ? – Nein, da bin ich bestimmt nicht mehr . . . . . .

Übung 11   Wir essen.

> Was machen Sie um 1 Uhr? – Um 1 Uhr esse ich zu Mittag.

1. Was macht Herr Krüger morgens um 7 Uhr? – Um 7 Uhr . . . . .
2. Was machen Krügers abends um 7 Uhr? – Abends um 7 Uhr . . . . .
3. Robert und Hans gehen ins Gasthaus. Was machen Sie dort?
4. Wann essen Sie zu Mittag? – Was essen Sie zu Abend?

Übung 12   gegenüber

> Wo liegt die Post? (der Bahnhof) – Sie liegt gegenüber dem Bahnhof.

1. Wo liegt der Bahnhof? (die Post) **2.** Wo ist das Gasthaus? (das Theater) **3.** Wo sitzt Ihr Freund? (Herr Müller) **4.** Wo liegt Ihre Wohnung? (die Universität) **5.** Wo ist der Beatkeller? (das Kino)

Übung 13

> Ist die Zeitung für Herrn Müller? – Ja, sie ist für Herrn Müller.
> *oder:* – Nein, sie ist nicht für Herrn Müller.

1. Wohnt Erika bei ihren Eltern? **2.** Gehen die Studenten zum Bahnhof? **3.** Kommen Sie heute zum Essen? **4.** Fahren Sie mit dem Auto? **5.** Liegt Ihr Haus gegenüber der Post? **6.** Ist Herr Krüger heute zu Hause? **7.** Ist das Wurstbrot für Stefan? **8.** Trinken Sie den Kaffee zum Essen? **9.** Hat Rita das Geld von ihrem Onkel? **10.** Kommen Sie aus einer Weinstube?

Übung 14   *Fragen zu den Texten*

1. Seit wann studiert Peter in München? **2.** Bei wem wohnt er? **3.** Wo wohnt sein Freund Hans? **4.** Was liegt ihrer Wohnung gegenüber? **5.** Geht Peter zu Fuß zur Universität? **6.** Wie lange braucht Hans von der Wohnung zur Universität? **7.** Was machen Hans und Peter mittags? **8.** Hat Hans nachmittags auch Vorlesungen? **9.** Was machen die Freunde abends? **10.** Gehen sie früh zu Bett? **11.** Sie gehen in ein Gasthaus. Bitte bestellen Sie ein Frühstück! **12.** Sie essen heute kalt. Was bestellen Sie? **13.** Was essen Sie zu Hause zum Frühstück? **14.** Wie möchten Sie Ihren Kaffee?

Alltagsgespräche

„Guten Tag, Fritz! Ich möchte dich zum Essen einladen.
Kannst du heute mit mir zu Abend essen?"
„Das ist aber nett von dir!
Leider kann ich heute abend nicht, ich muß zu Hause bleiben und arbeiten.
Ich habe morgen eine Prüfung."

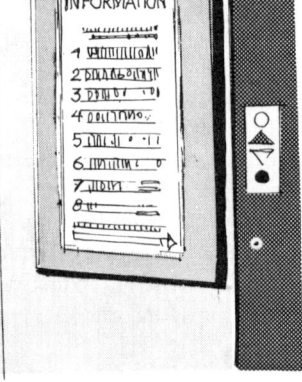

Richard hat morgen Geburtstag.
Rita will ihm etwas schenken.
Was kann sie ihm denn schenken?
Etwas zum Lesen vielleicht? Etwas für sein Auto?
Sie muß heute das Geschenk für ihn kaufen, sonst ist es zu spät.

„Wie geht es Ihren Eltern, Fräulein Inge? Hoffentlich geht es ihnen gut."
„Meine Eltern schreiben mir nicht oft, und ich schreibe ihnen auch nur selten. Aber heute abend muß ich sie anrufen. Mein Vater hat Geburtstag, und ich kann nicht nach Hause fahren."
„Grüßen Sie sie herzlich von mir!"

Peter schreibt an seine Freunde:
„Ich möchte Euch gern besuchen.
Wann kann ich denn zu euch kommen?"
Die Freunde antworten ihm sofort:
„Du willst uns besuchen. Das ist
großartig! Du kannst immer zu uns
kommen, und du mußt recht lange
bei uns bleiben."

Herr Müller hat Geburtstag

Herr Robertson: Guten Abend, Herr Arndt!

Herr Arndt: Guten Abend, Herr Robertson! Wie geht's? Wo gehen Sie denn hin?

Herr Robertson: Ich muß noch schnell etwas für Herrn Müller kaufen. Er hat Geburtstag, und ich gehe heute abend zu ihm.

Herr Arndt: So, was wollen Sie ihm denn schenken?

Herr Robertson: Etwas zum Rauchen, denke ich. Aber was kann ich seiner Frau mitbringen?

Herr Arndt: Vielleicht ein paar Blumen?

Herr Robertson: Ja gut, das mache ich. Für die Kinder will ich Schokolade oder Bonbons kaufen.

Herr Arndt: Das macht ihnen bestimmt Freude. – Aber Sie haben nicht mehr viel Zeit, Herr Robertson! Die Geschäfte schließen um halb sieben.

Herr Robertson: Ach, es ist ja schon gleich sechs, da muß ich aber gehen, sonst sind die Geschäfte zu. – Aber etwas möchte ich Sie doch noch fragen. Herr Müller hat Geburtstag. Was sagt man denn da?

Herr Arndt: Das ist ganz einfach. Sie geben ihm Ihr Geschenk und sagen: ‚Ich gratuliere Ihnen zum Geburtstag und wünsche Ihnen alles Gute! Und vielen Dank für die Einladung!'

Herr Robertson: Gut, das sage ich. Recht vielen Dank!

Herr Arndt: Und recht viel Vergnügen für heute abend! Grüßen Sie bitte Herrn Müller von mir!

Herr Robertson: Gern, Herr Arndt! Auf Wiedersehen!

Eine Einladung

Peter: Guten Morgen, Fritz! Kannst du heute abend zu uns zum Essen kommen?

Fritz: Vielen Dank, aber heute geht es leider nicht. Heute abend muß ich wirklich einmal arbeiten. Ich habe morgen eine Prüfung!

Peter: Dann vielleicht morgen?

Fritz: Morgen? Morgen abend habe ich auch schon etwas vor. Ich will mit Erika zum Tanzen gehen. Aber Samstag bin ich frei.

Peter: Gut, dann kommst du Samstag zu uns. Meine Schwester möchte nach dem Essen gern ins Kino gehen, in die Vorstellung um Viertel nach 8.

Fritz: Großartig! Da gehe ich sehr gern mit! – Wann wollt ihr denn essen?

Peter: Ich denke, wir essen um 7 Uhr, dann kommen wir nicht zu spät.

Fritz: Gut, ich bin pünktlich bei euch. Also bis Samstag und viele Grüße an deine Schwester.

Kannst du heute *zu* uns *kommen*?	Kannst du heute *bei* uns *bleiben*?
Ich *gehe* heute *zu* Herrn Müller.	Ich *bin* heute abend *bei* Herrn Müller.
Ich bringe Erika Blumen mit.	Ich bringe ihr *ein paar* Blumen mit.
Ich bringe ihm *etwas zum* Rauchen mit.	Ich bringe ihm *nichts* mit.
Viel Vergnügen *für* heute abend!	Vielen Dank *für* die Einladung!
einladen – die Einladung	schenken – das Geschenk
vorlesen – die Vorlesung	sprechen – das Gespräch

Modalverben

Robert *will* in die Bundesrepublik fahren. Zuerst *muß* er Deutsch lernen. Dann *kann* er die Leute dort verstehen.

Fritz und Erika *wollen* ins Kino gehen. Aber sie *müssen* für ihre Prüfung arbeiten. Sie *können* leider nicht ins Kino gehen.

wollen		*müssen*		*können*	
	ich will		ich muß		ich kann
	du willst		du mußt		du kannst
	er will		er muß		er kann
	wir wollen		wir müssen		wir können
	ihr wollt		ihr müßt		ihr könnt
	sie wollen		sie müssen		sie können

ich will, ich muß, ich kann: ohne **e** (vgl.* ich geh**e**, ich nehm**e** usw.)
er will, er muß, er kann: ohne **t** (vgl. er geh**t**, er nimm**t** usw.)

* vgl. = vergleichen Sie!

Wortstellung (Modalverben)

Richard **geht** heute abend zu Herrn Müller.
Richard **will** heute abend zu Herrn Müller **gehen.**
Walter **fährt** heute nach Hamburg **weiter.**
Walter **muß** heute nach Hamburg **weiterfahren.**
Wir **verstehen** und **sprechen** Deutsch.
Wir **können** Deutsch **verstehen** und **sprechen.**

I	II	III	E
Richard	will	heute abend zu Herrn Müller	gehen.
Heute abend	will	Richard zu Herrn Müller	gehen.
Heute	muß	Walter nach Hamburg	weiterfahren.
Jetzt	möchte	ich Herrn Müller etwas	fragen.

Übung 1 Was wollen wir jetzt machen?

Fritz/ins Kino gehen: Fritz will ins Kino gehen.

1. die Studenten/Herrn Müller besuchen **2.** meine Eltern/die Zeitung lesen **3.** Herr Müller/ein Glas Bier trinken **4.** ich/eine Zigarette rauchen **5.** die Kinder/Kuchen essen **6.** Robert und Hans/mit ihren Freunden in eine Weinstube gehen **7.** wir/ nach München fahren und dort bleiben

Übung 2 Herr Breuer will nach Köln fahren. Was muß er machen?

Er liest den Fahrplan. Er muß den Fahrplan lesen.

1. Er geht zum Bahnhof. **2.** Er kauft eine Fahrkarte. **3.** Er geht zum Bahnsteig. **4.** Dort steigt er in den Zug ein. **5.** Er fährt vier Stunden. **6.** In Köln steigt er aus. **7.** Dann verläßt er den Bahnhof und nimmt ein Taxi.

Übung 3 Was können Sie alles?

Ich tanze sehr gut. Ich kann sehr gut tanzen.

1. Ich koche Eier und Reis. **2.** Ich trinke meinen Kaffee nur mit viel Zucker. **3.** Peter antwortet schnell und richtig. **4.** Ich schreibe die Arbeit ohne Fehler. **5.** Ich verstehe und spreche Deutsch. **6.** Vielleicht kaufe ich ein paar Blumen für Frau Müller.

Das Personalpronomen

Ich frage *dich*, und du fragst *mich*. (Ich frage *ihn, es, sie*)
Wir fragen *euch*, und ihr fragt *uns*. (Wir fragen *sie, Sie*)

Wie geht es *dir*? – Danke, es geht *mir* gut. – Wie geht es *ihm (ihr)*?
Wie geht es *euch*? – Danke, es geht *uns* gut. – Wie geht es *ihnen (Ihnen)*?

Nominativ	ich	du	er*	es	sie	wir	ihr	sie	Sie
Akkusativ	mich	dich	ihn	es	sie	uns	euch	sie	Sie
Dativ	mir	dir	ihm	ihm	ihr	uns	euch	ihnen	Ihnen

*) Vergleichen Sie die Pronomen mit dem Artikel!

er	(der)	es	(das)	sie	(die)	sie	(die)
ihn	(den)	es	(das)	sie	(die)	sie	(die)
ihm	(dem)	ihn	(dem)	ihr	(der)	ihnen	(den + n)

Übung 4

> Kaufen Sie den Füller? – Ja, ich kaufe ihn. – *oder*: Nein, ich kaufe ihn nicht.

1. Lesen Sie das Buch? – Lesen Sie die Zeitung? – Lesen Sie den Brief jetzt? **2.** Bringst du das Buch mit? – Bringen Sie Ihren Füller mit? – Bringt Peter die Zigaretten mit? – Sie bringen doch Rita mit? **3.** Machst du den Brief jetzt auf? – Kennst du meinen Onkel? – Seht ihr uns? – Verstehst du mich? – Besuchen Sie Fritz? – Fragen Sie Rita?

> Hilft er seinem Freund? – Ja, er hilft ihm. – *oder*: Nein, er hilft ihm nicht.

1. Hilft er seiner Mutter? – Hilft er den Freunden? – Hilft er euch? – Hilft er mir auch? – Helft ihr uns? – Helft ihr Ingrid auch? – Hilfst du Peter? **2.** Gehört der Koffer dir? – Gehört das Haus deinen Eltern? – Gehört die Schokolade uns? – Gehören die Bücher den Studenten? **3.** Schreibt ihr euren Geschwistern? – Schreibst du mir? – Schreibt er Erika? – Antwortest du deinem Bruder? – Dankst du Herrn Müller?

> Arbeitet er für deinen Vater? – Ja, er arbeitet für ihn.
> *oder*: Nein, er arbeitet nicht für ihn.

1. Ist das Buch für mich? – Arbeitest du für Herrn Krüger? – Geht ihr ohne mich? **2.** Bleibst du heute bei uns? – Arbeitet Peter mit Rita? – Kannst du jetzt zu mir kommen? – Spricht dein Vater heute mit Herrn Krüger?

Übung 5 *Ergänzen Sie die Sätze mit Personalpronomen!*

1. Ich frage Herrn Müller etwas; ich sage: „Herr Müller, ich möchte . . . . . etwas fragen." **2.** Ich gratuliere ihm zum Geburtstag; ich sage: „Ich gratuliere . . . zum Geburtstag und wünsche . . . . . alles Gute." **3.** Wie geht es Ihrer Schwester? – Danke, es geht . . . . . gut! – **4.** Wie geht es Ihren Eltern? – Leider geht es . . . . . nicht so gut. **5.** Fritz besucht mich morgen. Er will um 7 Uhr bei . . . . . sein. **6.** Müllers haben zwei Kinder. Ich kenne . . . . . noch nicht. Was kann ich . . . . . mitbringen? **7.** Wohnen Sie bei Herrn Krüger? – Ja, ich wohne bei . . . . . **8.** Ich schreibe Ihnen heute, bitte antworten Sie . . . . . bald! **9.** Kommen Sie mit Ihrer Schwester? – Nein, ich komme nicht mit . . . . ., ich komme ohne . . . . . **10.** Hoffentlich erreiche ich meinen Zug noch! – Aber Sie erreichen . . . . . bestimmt noch. **11.** Hier bin ich. Sehen Sie . . . . . denn nicht? **12.** Frau Braun begrüßt ihre Gäste und gibt . . . . . die Hand. **13.** Rita kommt auch. Frau Braun begrüßt . . . . . und gibt . . . . . die Hand. **14.** Frau Müller, hier ist ein Geschenk für . . . . ., es gehört . . . . .

Wortstellung (Personalpronomen)

Kauft	der Vater	dem Kind	das Buch?
Kauft	er	es	ihm?

Regel 1: Nomen:		1. Nominativ	2. Dativ	3. Akkusativ
Regel 2: Pronomen:		1. Nominativ	2. Akkusativ	3. Dativ

ein Pronomen und	Kauft	er	dem Kind	das Buch?
zwei Nomen:	Kauft	ihm	der Vater	das Buch?
	Kauft	es	der Vater	dem Kind?

zwei Pronomen und	Kauft	er	ihm	das Buch?
ein Nomen:	Kauft	er	es	dem Kind?
	Kauft	es	ihm	der Vater?

Regel 3: zuerst Pronomen, dann Nomen

Übung 6

Er bringt seiner Schwester das Buch.	
Wem bringt er das Buch?	– Er bringt es seiner Schwester.
Was bringt er seiner Schwester?	– Er bringt ihr das Buch.
Bringt er seiner Schwester das Buch?	– Ja, er bringt es ihr.

1. Herr Braun gibt dem Briefträger das Geld. **2.** Wir kaufen unserem Freund die

Zeitungen. **3.** Der Kellner bringt dem Gast die Suppe. **4.** Ich zeige dem Schaffner die Fahrkarte. **5.** Herr Müller sagt den Schülern die Regel. **6.** Der Briefträger gibt Frau Braun den Brief. **7.** Wir wollen den Kindern Schokolade schenken. **8.** Er möchte seinen Freunden das Haus zeigen.

Übung 7   *Antworten Sie mit Personalpronomen!*

> Wer gibt Fritz heute das Buch? (sein Freund) – Heute gibt es ihm sein Freund.

1. Wer bringt Ihrem Sohn morgen das Essen? (Frau Becker) – Morgen . . . . . **2.** Wer bringt uns heute den Nachtisch? (der Ober) – Heute . . . . . **3.** Wer muß dem Mann jetzt das Geld geben? (seine Frau) – Jetzt . . . . .

Die Uhrzeiten

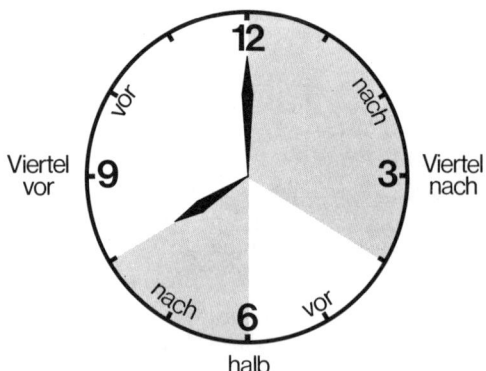

7.00 Uhr = sieben Uhr
7.05 Uhr = fünf (Minuten) nach sieben
7.10 Uhr = zehn nach sieben
7.15 Uhr = (ein) Viertel nach sieben/ Viertel acht
7.20 Uhr = zwanzig nach sieben/ zehn vor halb acht
7.25 Uhr = fünf vor halb acht
7.30 Uhr = halb acht
7.35 Uhr = fünf nach halb acht
7.40 Uhr = zehn nach halb acht/ zwanzig vor acht
7.45 Uhr = drei Viertel acht/ (ein) Viertel vor acht
7.55 Uhr = fünf vor acht

14.00 Uhr = zwei Uhr (mittags)
16.10 Uhr = zehn nach vier (nachmittags)
19.15 Uhr = Viertel nach sieben (abends)
23.45 Uhr = Viertel vor zwölf (nachts)
0.05 Uhr = fünf nach zwölf (nachts)

Übung 8   *Lesen Sie die Uhrzeiten!*

10.10 Uhr – 8.25 Uhr – 23.45 Uhr – 4.15 Uhr – 14.55 Uhr – 22.30 Uhr – 11.15 Uhr –
6.25 Uhr – 1.45 Uhr – 0.10 Uhr – 12.35 Uhr – 7.20 Uhr – 0.45 Uhr – 14.40 Uhr –
20.50 Uhr – 0.30 Uhr – 5.45 Uhr – 8.25 Uhr

Ein Telefongespräch

Richard will Herrn Breuer anrufen, aber er hat zu Hause kein Telefon. Er muß zur Post gehen und von dort telefonieren.

Eine Telefonzelle ist noch frei. Richard geht in die Zelle, nimmt das Telefonbuch und sucht die Nummer von Herrn Breuer.

Hier ist sie: **Breuer** Fritz   29 71 62
           Dr.med.dent., Zahnarzt
           22 Maximilianstr. 18

Er nimmt den Hörer ab, wirft zwei Zehnpfennigstücke ein und wählt die Nummer. Er dreht die Wählscheibe sechsmal: 2, 9, 7, 1, 6, 2. Es klingelt, dann hört er eine Stimme:

„Hier Breuer."

„Hier Richard Robertson. Guten Tag, Frau Breuer! Kann ich bitte mit Ihrem Mann sprechen?"

„Mein Mann ist leider nicht zu Hause. Er kommt aber gegen 8 Uhr zurück. Können Sie vielleicht nach 8 noch einmal anrufen?"

„Das ist nicht nötig, Frau Breuer. Grüßen Sie bitte Ihren Mann von mir! Ich danke Ihnen für die Einladung. Ich komme sehr gern."

„Schön, Herr Robertson! Wir erwarten Sie morgen um halb acht zum Abendessen. Auf Wiedersehen!"

„Auf Wiedersehen, Frau Breuer, bis morgen!"

Richard hängt den Hörer wieder ein und verläßt die Telefonzelle.

---

das Telefon	– der Fernsprecher
das Telefonbuch, die Telefonzelle	– das Fernsprechbuch, die Fernsprechzelle
ich telefoniere mit ihm	– ich rufe ihn an

Übung 9   Was haben Sie heute abend vor?

> Musik hören: Heute abend will ich Musik hören.

1. mit Erika zum Tanzen gehen **2.** zu euch kommen **3.** früh zu Bett gehen **4.** meine Tante besuchen **5.** in einen Beatkeller gehen **6.** sehr gut zu Abend essen **7.** bei Frau Krüger fernsehen **8.** zuerst ins Theater und dann in eine Weinstube gehen

Übung 10

> Lernt Erika die Wörter? – Ja, sie muß sie lernen.

1. Liest Fritz das Buch? **2.** Ißt das Kind die Suppe? **3.** Begrüßen Sie den Direktor? **4.** Helfen Sie der Frau? **5.** Antworten Sie den Leuten? **6.** Bringen Sie dem Lehrer die Aufgaben? **7.** Zeigen Sie den Leuten das Haus? **8.** Schreibt Peter seinem Vater den Brief? **9.** Erklärt Herr Müller den Schülern die Wörter?

Übung 11

> Essen Sie die Suppe noch? – Nein, ich kann sie (leider) nicht mehr essen.

1. Trinken Sie den Kaffee noch? **2.** Trinken Sie das Bier noch? **3.** Essen Sie das Brot noch? **4.** Essen Sie den Nachtisch noch? **5.** Bringst du mir das Buch noch? **6.** Bringen Sie Erika die Suppe noch? **7.** Bringen Sie der Frau den Kaffee noch? **8.** Bringen Sie den Kindern das Frühstück noch?

Übung 12 viel *oder* viele; etwas *oder* ein paar?

a) Hast du viele Freunde?	– Ja, ich habe viele Freunde.
oder:	Nein, ich habe nur ein paar Freunde.
b) Brauchen Sie viel Obst?	– Ja, ich brauche viel Obst.
oder:	Nein, ich brauche nur etwas Obst.

1. Haben Sie viele Äpfel für die Kinder? **2.** Wollen Sie heute viel Gemüse essen? **3.** Nehmen Sie viel Fleisch und viele Kartoffeln? **4.** Möchten Sie den Kaffee mit viel Milch? **5.** Bringt Richard Frau Müller viele Blumen mit? **6.** Will Hans viel Geld von seinem Vater?

Übung 13 *Antworten Sie kurz!*

> Können Sie heute abend zu Herrn Müller kommen? – Ja, das kann ich.

1. Wollen Sie in Mainz aussteigen? **2.** Müssen Sie heute viel arbeiten? **3.** Können Sie um 7 Uhr bei Fritz sein? **4.** Müssen Sie jetzt schon gehen? **5.** Möchte Robert zum Frühstück Eier essen? **6.** Muß Fritz morgen nach Köln fahren? **7.** Kann Erika gut kochen? **8.** Will Richard den Kindern etwas mitbringen?

Übung 14

> Fritz ruft Erika an. Wir hören nur Fritz. Was sagt Erika?

„Guten Abend, Erika! Wie geht's dir denn?" – . . . .

„Danke, mir geht's auch gut. Du, Erika, ich möchte dich
etwas fragen. Können wir morgen abend zum Tanzen gehen?
Ich möchte dich gern einladen." – . . . .

„Das ist aber schade! Vielleicht Sonntag?" – . . . .

„Ach, du hast Geburtstag! Da wünsche ich dir schon heute
alles Gute!" – . . . .

„Aber sehr gern, natürlich komme ich. Um wieviel Uhr
denn?" – . . . .

„Gut, um halb acht; das ist wirklich fein!" – . . . .

„Aber nein, ich komme nicht zu spät. Ich bin sehr pünktlich." – . . . .

„Ja, vielen Dank für deine Einladung und alles Gute bis
Sonntag!" – . . . .

Übung 15 *Fragen zu den Texten*

Herr Müller hat Geburtstag.

1. Was hat Herr Robertson heute abend vor? **2.** Was will er für Herrn Müller kaufen?
3. Bringt er Frau Müller und den Kindern auch etwas mit? **4.** Um wieviel Uhr
schließen die Geschäfte? **5.** Kann er nach halb sieben noch etwas kaufen? **6.** Herr
Robertson will Herrn Müller zum Geburtstag gratulieren. Wie macht er das?

Übung 16

Eine Einladung

1. Warum kann Fritz nicht zu Peter kommen? **2.** Was hat er morgen vor? **3.** Wann
kommt er zu Peter? **4.** Was wollen die Freunde nach dem Essen machen? **5.** Wann
beginnt die Vorstellung? **6.** Was können sie nach dem Kino machen?

Telefonieren Sie mit einem Freund oder einer Freundin:

1. Danken Sie für eine Einladung, für einen Brief! **2.** Laden Sie den Freund oder die
Freundin ein: zum Mittagessen, zum Abendessen oder vielleicht ins Kino!

Wohin gehen wir jetzt?

Ich möchte in den Garten gehen.
Inge will lieber in den Park gehen.

Fritz will in eine Weinstube gehen.
Frau Braun muß leider in die Küche gehen.

Wo ist Peter? – Vielleicht ist er in seinem Zimmer.
Nein, in seinem Zimmer ist er nicht.
Ist er vielleicht im Bad? – Nein, im Bad ist er auch nicht.
Dann ist er sicher in der Küche. – Ja natürlich! Er ist in der Küche und trinkt ein Glas Bier.

Wo essen wir heute zu Abend?
Im Garten? – Dann bringe ich das Abendessen in den Garten.
Auf der Terrasse? – Dann stellen Sie das Bier gleich auf die Terrasse.
Im Wohnzimmer? – Dann bringe ich alles ins Wohnzimmer.
Auf dem Balkon? – Dann müssen wir noch zwei Stühle auf den Balkon stellen.
In der Küche? – Gut, dann kommen Sie bitte in die Küche!

Rita will fortgehen. Frau Hartmann
sagt zu ihr:
Bitte legen Sie die Schlüssel
auf den Tisch!
Bitte stellen Sie die Blumen
vors Fenster!
Bitte hängen Sie das Bild
an die Wand!

Rita ist nicht mehr zu Hause. Frau
Hartmann kommt ins Zimmer und sieht:
Die Schlüssel liegen nicht
auf dem Tisch.
Die Blumen stehen nicht
vor dem Fenster.
Das Bild hängt nicht
an der Wand.

Wollen Sie nicht ablegen? Geben Sie mir bitte Ihren Mantel!
Ich hänge ihn in die Garderobe. –
Wo ist meine Tasche? Vielleicht ist sie noch im Auto? –
Ich bringe sie Ihnen. Ihr Auto steht doch hinter meinem Auto?

Unser Haus

Seit vierzehn Tagen wohnen wir in der Gartenstraße. Wollen Sie unser Haus sehen? Es ist ganz in der Nähe. Kommen Sie doch mit, ich zeige es Ihnen. Da drüben steht es, in dem Garten mit den Obstbäumen. Es ist ein Zweifamilienhaus; wir wohnen im Erdgeschoß. Die Wohnung im ersten Stock hat an der Südseite einen Balkon. Auf dem Dach ist die Antenne, und natürlich der Kamin.

Wir gehen jetzt an der Garage vorbei und kommen zum Hauseingang. – Kommen Sie bitte herein! Halt, nicht durch diese Tür! Hinter der Tür ist die Kellertreppe. Unten im Keller sind nur ein paar Abstellräume und die Heizung. Das hier ist unsere Wohnungstür.

Jetzt sind wir in der Diele. Legen Sie bitte ab! Hier rechts ist die Garderobe. Auf dieser Seite sind die Schlafzimmer; zwischen dem Kinderzimmer und unserem Schlafzimmer ist das Bad. Hinter der Garderobe ist noch eine Toilette. Dem Eingang gegenüber liegt mein Arbeitszimmer. Dort hinten ist die Küche; neben der Küche haben wir unsere Eßecke.

Aber gehen wir doch ins Wohnzimmer! Natürlich brauchen wir noch ein paar Möbel; der Teppich ist zu klein, und Lampen müssen wir auch noch kaufen. Aber das hat Zeit. Die Couch hier an der Wand und die Sessel sind neu. Morgen kommt unser Fernseher, den stellen wir da in die Ecke. Über die Couch wollen wir vielleicht ein Bild hängen.

Durch diese Tür können wir auf die Terrasse gehen. Sie haben hoffentlich noch Zeit? Setzen wir uns doch auf die Terrasse und trinken wir ein Glas Wein! Dann können Sie auch meine Familie begrüßen. Meine Frau ist mit den Kindern im Garten hinter dem Haus.

Das ist also unser Haus. Ist es nicht schön? Wir lieben es sehr.

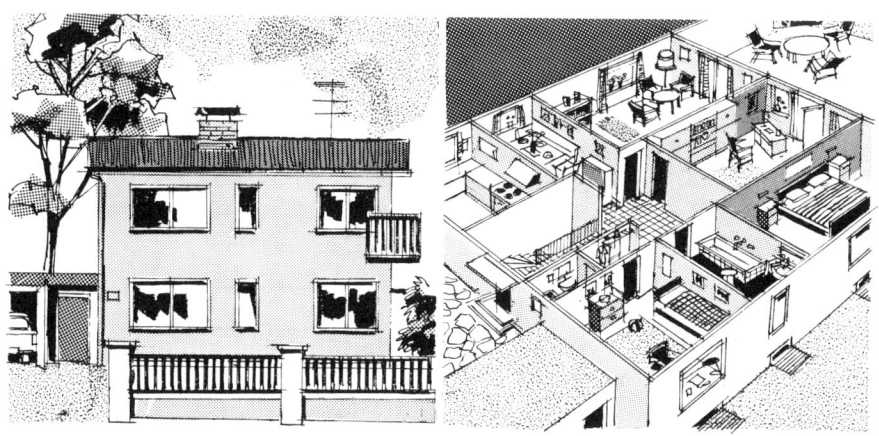

Ich will in meine Wohnung gehen. – Was muß ich machen?

Ich nehme meinen Schlüssel aus der Tasche und stecke ihn ins Schloß. Jetzt steckt der Schlüssel im Schloß, und ich kann die Tür aufschließen.

Ich will ablegen. – Was mache ich?

Ich ziehe meinen Mantel aus und hänge ihn an den Haken in der Garderobe. Jetzt hängt der Mantel am Haken. Dann nehme ich den Hut ab und lege ihn auf die Hutablage. Wo sind meine Handschuhe? Sie stecken noch in meiner Manteltasche.

das Zweifamilienhaus = ein Haus *für* zwei Familien, mit zwei Wohnungen
das Kinderzimmer = ein Zimmer *für* Kinder
das Arbeitszimmer = ein Zimmer *zum* Arbeiten
die Südseite = die Seite *nach* Süden

Ich *ziehe* den Mantel *aus*. – Ich *nehme* den Hut *ab*. – Ich *lege ab*.

Er sitzt *auf dem* Stuhl. – Er sitzt *auf der* Couch. – Er sitzt *im* Sessel.

schließen – das Schloß – der Schlüssel – aufschließen – zuschließen

unten – oben   vorn – hinten

Demonstrativpronomen

Halt, nicht durch *diese* Tür! Hinter *der* Tür ist die Kellertreppe. – Ist *das* Haus nicht schön? In *diesem* Haus möchte ich wohnen.

	Singular						Plural	
	mask. (Mann)		*neutr.* (Buch)		*fem.* (Uhr)		(Männer, Bücher, Uhren)	
Nominativ	der	dieser	das	dieses	die	diese	die	diese
Akkusativ	den	diesen	das	dieses	die	diese	die	diese
Dativ	dem	diesem	dem	diesem	der	dieser	den	diesen

Als Demonstrativpronomen ist der Artikel betont.
Die Endungen beim Pronomen „dies-" sind wie die Artikelendungen.

Übung 1

Das Haus gehört mir. – Dieses Haus gehört mir.

1. Ich bringe Frau Müller *die Blumen* mit. **2.** Ich wünsche Ihnen viel Vergnügen für *den Abend*. **3.** Raucht Fritz *die Zigaretten*? **4.** Mit *dem Füller* kann ich nicht schreiben. **5.** Können Sie mir bitte *die Äpfel* geben? **6.** Mit *dem Schlüssel* können Sie die Tür natürlich nicht aufschließen. **7.** *Die Serviette* gehört mir nicht. **8.** Von *dem Spaziergang* kann er doch nicht müde sein!

woher?   **wo?**   **wohin?**

Woher kommt er?   *Wo ist er?*   *Wohin fährt er?*

Er kommt	Er ist	Er fährt
von | *aus* | England.	*in* England.	*nach* England.
von der | *aus der* | Schule.	*in der* Schule.	*in die* Schule.
von seinem Onkel.	*bei seinem* Onkel.	*zu seinem* Onkel.

Übung 2   *Fragen Sie mit ‚wo?', ‚wohin?' oder ‚woher?'*

1. Mein Bruder studiert in Hamburg. **2.** Wir sitzen um den Tisch. **3.** Hans kommt von der Universität. **4.** Wir gehen zu meinem Freund. **5.** Ich bleibe zu Hause. **6.** Viele Leute kommen aus dem Theater. **7.** Ich gehe nach Hause. **8.** Er ist in der Stadt. **9.** Wir gehen in die Stadt. **10.** Ich komme von zu Hause.

Präpositionen mit dem Akkusativ oder mit dem Dativ

Wohin gehe ich? – Ich gehe *an die* Tür, *auf die* Terrasse, *hinter die* Garage, *in den* Garten, *unter das* Dach, *vor das* Haus, *zwischen das* Auto und *das* Haus. – *Wohin* hänge ich die Lampe? – Ich hänge sie *über den* Tisch.

Wo stehe ich? – Ich stehe *an der* Tür, *auf der* Terrasse, *hinter der* Garage, *neben der* Tafel, *im* Garten, *unter dem* Balkon, *vor dem* Haus, *zwischen dem* Auto und *dem* Haus. – *Wo* hängt die Lampe? – Sie hängt *über dem* Tisch.

lokal		Frage: *wohin?* Aktion Präposition mit dem Akkusativ	Frage: *wo?* Position Präposition mit dem Dativ
an		Ich hänge das Bild **an die** Wand.	Das Bild hängt **an der** Wand.
auf		Ich stelle das Glas **auf den** Tisch.	Das Glas steht **auf dem** Tisch.
hinter		Gehen Sie **hinter das** Haus!	Der Garten ist **hinter dem** Haus.
neben		Fahren Sie den Wagen **neben das** Haus!	Die Garage ist **neben dem** Haus.
in		Heute gehen wir **ins** Kino.	Die Kinder sind **im** Kino.
über		Wir hängen die Lampe **über den** Tisch.	Die Lampe hängt **über dem** Tisch.
unter		Ich gehe **unter den** Balkon.	Jetzt stehe ich **unter dem** Balkon.
vor		Ich fahre **vor die** Garage.	Mein Wagen steht **vor der** Garage.
zwischen		Legen Sie das Heft **zwischen die** Bücher!	Das Heft ist **zwischen den** Büchern.

Das Bild hängt *über der* Couch.
Der Teppich liegt *auf dem* Boden.

Die Garage ist *neben dem* Haus.
Der Wagen steht *in der* Garage.

an, auf, hinter, neben, in, über, unter, vor und **zwischen** *(lokal)*
1. mit Akkusativ (Aktion, Frage: *Wohin?*) oder Dativ (Position, Frage: *Wo?*)
2. nach Nomen meist mit Dativ (Position)

temporal		Frage: *wann?* – Präposition mit Dativ	
an		Ich komme **am** Montag. Ich bin **an** Weihnachten zu Hause. **Am** Vormittag arbeite ich.	Wochentage Feiertage Tageszeiten
in		**In** diesem Jahr kauft er ein Haus. **Im** Jahr 1980 kommt er wieder. 1980 kommt er wieder.	Jahr, Monat, Woche, Jahreszeit Vor Jahreszahlen keine Präposition.
vor		**Vor dem** Monat August kann ich nicht kommen. – Es ist Viertel **vor** 5 Uhr.	
zwischen		Ich komme **zwischen** 3 und 4 Uhr.	

an, in, vor, zwischen mit Dativ (temporal, Frage: *wann?*)

an dem → am   an das → ans
in dem → im   in das → ins

Übung 3

Wohin gehen die Kinder? (Garten)	–	Sie gehen in den Garten.
Wo sind die Kinder? (Garten)	–	Sie sind im Garten.

1. Wo ist die Antenne? (Dach) – Sie ist auf ...... **2.** Wohin schreibt Herr Müller seinen Namen? (Buch) – Er schreibt ihn in ...... **3.** Wo ist der Schlüssel? (meine Tasche) – Er ist in ...... **4.** Wohin fahren Sie den Wagen? (Haus) – Ich fahre ihn vor ...... **5.** Wo ist das Gasthaus? (Post, Universität) – Es ist zwischen ...... **6.** Wo liegt Köln? (Bundesrepublik Deutschland) – Es liegt in ...... **7.** Wohin fahren Sie? (Schweiz) – Ich fahre in ...... **8.** Wo sitzt Herr Müller? (Schreibtisch) – Er sitzt an ...... **9.** Wo ist der Balkon? (unser Schlafzimmer) – Er ist über ...... **10.** Wo ist die Heizung? (Fenster) – Sie ist unter ...... **11.** Wo liegt der Teppich? (Boden) – Er liegt auf ...... **12.** Wohin gehen Sie jetzt, und wo sind Sie dann? (Theater, Kino, ein Beatkeller, eine Weinstube, ein Gasthaus, meine Wohnung, unser Garten, Haus – Straße, Terrasse, Bahnsteig, Balkon).

Übung 4

Wann kommen Sie? (Mittwoch) – Am Mittwoch.

1. Wann beginnt der Unterricht wieder? (Montag) **2.** Wann haben Sie Vorlesung? (Vormittag) **3.** Wann gehen Sie ins Theater? (Abend) **4.** Wann fährt er nach Bremen? (Frühling) **5.** Wann haben Sie Geburtstag? (Juli) **6.** Wann beginnt hier der Frühling? (März) **7.** Wann kommen Sie zu uns? (Sonntag) **8.** Wann müssen Sie zur Universität gehen? (diese Woche, August, Abend, Samstag, Sommer, 1980)

Übung 5 *Ergänzen Sie die Artikel!*

1. das Bild an . . . . . Wand (das Bild an der Wand) **2.** der Wagen vor . . . . . Tür **3.** der Wein in . . . . . Glas **4.** das Bild über . . . . . Couch **5.** die Garderobe in . . . . . Diele **6.** das Fleisch auf . . . . . Teller **7.** der Sessel vor . . . . . Heizung **8.** der Balkon über . . . . . Schlafzimmer **9.** die Garage neben . . . . . Haus **10.** der Fernseher in . . . . . Ecke

Aktion: wohin . . . ?   **Position:** wo . . . ?

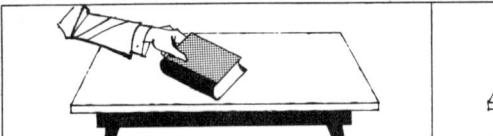 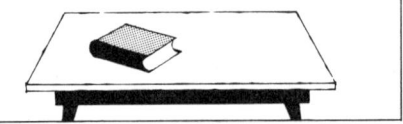

Ich *lege* das Buch *auf den* Tisch.   Das Buch *liegt auf dem* Tisch.

Ich *stelle* die Tasse *auf den* Tisch.   Die Tasse *steht auf dem* Tisch.

Die Mutter *setzt* das Kind *auf den* Stuhl. Das Kind *sitzt auf dem* Stuhl.

Ich *hänge* das Bild *an die* Wand.   Das Bild *hängt an der* Wand.

 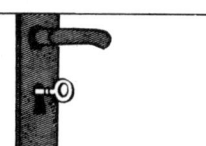

Ich *stecke* den Schlüssel *ins* Schloß.   Der Schlüssel *steckt im* Schloß.

Die Verben **legen, stellen, setzen** haben **ein Akkusativobjekt** und die Präposition mit **dem Akkusativ.**

Die Verben **liegen, stehen, sitzen** haben **kein Objekt** und die Präposition mit **dem Dativ.**

Die Verben **hängen** und **stecken** haben ein **Akkusativobjekt** und die Präposition mit **dem Akkusativ** oder **kein Objekt** und die Präposition mit **dem Dativ.**

Übung 6 *Antworten Sie!*

Die Mutter legt das Kind ins Bett. – Wo ist das Kind jetzt? – Es liegt im Bett.

1. Ich stelle die Blumen auf den Tisch. – Wo sind die Blumen jetzt? **2.** Der Vater setzt das Kind auf den Stuhl. – Wo ist das Kind jetzt? **3.** Er hängt seinen Mantel an den Haken. – Wo ist der Mantel jetzt? **4.** Der Briefträger steckt die Briefe in die Tasche. – Wo sind die Briefe jetzt? **5.** Hans stellt das Fahrrad hinter das Haus. – Wo ist das Fahrrad jetzt? **6.** Wir hängen das Bild an die Wand. – Wo ist das Bild jetzt? **7.** Walter stellt seinen Wagen vor die Garage. – Wo ist der Wagen jetzt? **8.** Herr Braun legt das Heft zwischen die Bücher. – Wo ist das Heft jetzt? **9.** Ich stecke den Schlüssel ins Schloß. – Wo ist der Schlüssel jetzt? **10.** Erika legt das Besteck neben den Teller. – Wo ist das Besteck jetzt? **11.** Ich setze meinen Sohn ins Auto. – Wo ist Ihr Sohn jetzt? **12.** Hans legt seine Bücher auf den Schreibtisch. – Wo sind die Bücher jetzt? **13.** Frau Braun stellt die Gläser in die Küche. – Wo sind die Gläser jetzt? **14.** Wir hängen die Lampe über den Tisch. – Wo ist die Lampe jetzt?

Übung 7 *Beschreiben Sie das Bild!*

1. Wo steht der Sessel? (vor ..... Heizung; neben ..... Tisch; auf ..... Boden) **2.** Wo steht die Lampe? (hinter ..... Tisch; zwischen ..... Tisch und ..... Fenster) **3.** Wo ist die Heizung? (hinter ..... Sessel; unter ..... Fenster) **4.** Wo steht der Tisch? (neben ..... Sessel; vor ..... Lampe) **5.** Wo liegt das Buch? (auf ..... Tisch; unter ..... Lampe) **6.** Wo hängt das Bild? (an ..... Wand; neben ..... Fenster) **7.** Wo sind die Blumen? (in ..... Vase) **8.** Wo steht die Vase? (auf ..... Tisch) **9.** Wo sind die Vorhänge? (an ..... Fenster) **10.** Wo ist das Fenster? (hinter ..... Sessel; über ..... Heizung; neben ..... Bild) **11.** Wo ist der Teppich? (auf ..... Boden; unter ..... Tisch; unter ..... Sessel)

Übung 8 *Bitte antworten Sie mit einem Satz!*

1. Wohin hängen wir das Bild? (Wand) **2.** Wohin stellt Robert seine Tasche? (Tisch) **3.** Wohin setzt der Vater das Kind? (Stuhl; Sessel; Auto) **4.** Wo sitzt Fritz? (seine Kusine und sein Freund) **5.** Wohin legen Sie die Brötchen? (Teller) **6.** Wohin stellen wir die Blumen? (Tisch; Fenster; Vase)

Zimmer zu vermieten!

Rita sucht ein Zimmer.

Studentenzimmer, möbliert mit Bad- und Küchenbenutzung sofort zu vermieten. Hartm. Mü 21, Blumenstraße 73/1.

Sie findet diese Anzeige in der Zeitung und geht mit ihrer Freundin Ingrid in die Blumenstraße.

Ingrid: Guten Tag! Wird sind doch hier richtig bei Hartmann? Meine Freundin sucht ein Zimmer. Ist das Zimmer bei Ihnen noch frei?

Frau H.: Ja, bitte kommen Sie herein! Hier, dieses Zimmer ist es, gleich neben der Wohnungstür.

Rita: Oh, das Zimmer ist ja sehr nett! Da ist sogar ein Schreibtisch und ein Bücherregal!

Ingrid:	Die Sessel sind sehr bequem. Du mußt sie einmal ausprobieren!
Rita:	Der Schrank ist auch groß genug für meine Kleider und meine Wäsche. Aber sag mal, Ingrid, wo kann man denn hier schlafen?
Frau H.:	Aus der Couch kann man leicht ein Bett machen. (Sie zeigt es den Mädchen.) Sehen Sie, so leicht ist das!
Ingrid:	Ist das Zimmer auch warm? Wissen Sie, meine Freundin kommt aus Italien.
Frau H.:	Aber sicher! Die Heizung ist dort unter dem Fenster.
Ingrid:	Und wo ist das Bad?
Frau H.:	Gleich neben diesem Zimmer. Ich bin allein in der Wohnung. Das Bad ist also fast immer frei.
Rita:	Muß ich das Zimmer selbst aufräumen?
Frau H.:	Ja. Aber zweimal in der Woche kommt meine Putzfrau. Sie kann auch Ihre Wäsche waschen.
Rita:	Kann ich bei Ihnen Frühstück bekommen?
Frau H.:	Das Frühstück müssen Sie selbst machen. Auch am Abend können Sie die Küche benutzen, nur mittags geht das leider nicht.
Rita:	Was denkst du, Ingrid? Mir gefällt das Zimmer, ich möchte es mieten.
Ingrid:	Mir gefällt es auch. Was kostet es denn?
Frau H.:	Das Zimmer kostet mit Heizung und Strom DM 190.– im Monat; und DM 30.– geben Sie der Putzfrau.
Rita:	Gut, ich nehme das Zimmer. Kann ich sofort einziehen? – Dann hole ich jetzt meine Koffer. Die Miete möchte ich gleich bezahlen. Nehmen Sie einen Scheck?
Frau H.:	Aber natürlich, danke! – Hier ist Ihre Quittung. Hoffentlich gefällt es Ihnen bei mir!

Rita braucht ein Zimmer. – Sie *mietet* es. – Sie bezahlt *Miete* für das Zimmer. Frau Hartmann hat ein Zimmer. – Sie *vermietet* es. – Sie hat ein Zimmer *zu vermieten*.

Also auf Wiedersehen bis morgen! – Das ist *also* unser Haus!
Ich bin allein in der Wohnung; das Bad ist *also* fast immer frei.
Peter will in der Bundesrepublik Deutschland studieren. *Also* muß er Deutsch lernen.
Rita kann sofort einziehen. *Also* holt sie ihre Koffer.

Frau Hartmann bringt uns das Frühstück.   Rita holt Ingrid das Frühstück.

Übung 9 (Wiederholungsübung) *Bitte erzählen Sie!*

1. Mein Freund fährt heute ..... Zug nach Köln. Ich kann heute nicht mit .....
arbeiten. Ich arbeite aber nicht gern ohne ...... **2.** Essen wir heute ..... Gasthaus
oder ..... Kantine? – Gehen wir doch ..... Frau Becker, und essen wir ..... ihr.
Sie sagt, wir können immer zu ..... kommen. **3.** Ich muß gehen, das Taxi steht
schon vor ..... Haus. **4.** Fritz wohnt ..... einer Woche in ..... Gartenstraße.
Das Haus gefällt ..... sehr gut; seine Freunde kommen oft ..... ihm. **5.** Sie haben
mein Buch. Bitte geben Sie es .....! **6.** Robert wohnt ..... Familie Krüger; aber
er wohnt dort nicht allein, sondern ..... seinem Freund Hans.

Übung 10 *Ergänzen Sie:* in, nach *oder* zu!

1. Wohin fahren Sie? – Ich fahre ..... England, ... die Schweiz, ... Österreich, ... München, ... die Stadt, ... Süden, ... Hause, ... meinen
Eltern, ... USA, ... Herrn Meier, ... Gartenstraße. **2.** Ich komme gerade
von ..... Hause und gehe ..... meinem Freund. Hoffentlich ist er ..... Hause.
3. Reisen Sie im August ..... die USA? – Nein, ich fahre ..... Kanada.

Übung 11 *Fragen zu den Texten*
Unser Haus
1. Sie stehen vor dem Haus in der Gartenstraße. Was sehen Sie? **2.** Sie sehen in das
Haus. Beschreiben Sie die Wohnung! **3.** Sie kommen in die Diele. Was machen Sie
da? **4.** Sagen Sie etwas über das Wohnzimmer! **5.** Sie bleiben noch bei Ihrem Freund.
Was machen Sie? **6.** Wo ist die Hausfrau mit den Kindern?

Wohnungssuche
1. Rita sucht ein Zimmer. Was findet sie in der Zeitung? **2.** Was steht in der Anzeige?
3. Beschreiben Sie das Zimmer! **4.** Kann Rita die Küche immer benutzen? **5.** Muß
sie das Zimmer selbst aufräumen? **6.** Macht Frau Hartmann Rita das Frühstück?
7. Wieviel kostet das Zimmer? **8.** Wie bezahlt Rita die Miete?

Sie mieten das Zimmer bei Frau Hartmann. Frau Hartmann muß in die Küche, Sie
sind mit Ihrem Freund allein im Zimmer. Sie sprechen über das Zimmer. Beginnen Sie:
„Was denkst du? Gefällt dir das Zimmer?" .....

Beschreiben Sie Ihr Zimmer in Ihrer Wohnung!

Das Fernsehen in Heimhausen

Vor einer Woche kamen Reporter vom Fernsehen nach Heimhausen.
Sie standen mit ihren Kameras auf dem Marktplatz.
Alle Leute blieben stehen.
Sonst sind sie immer in Eile, aber jetzt hatten sie Zeit.
Die Reporter diskutierten mit ihnen.
Das war sehr interessant, besonders auch für die Kinder.

Ein Polizist kam und rief:
„Bitte weitergehen! Bitte machen Sie die Straße frei!"
Aber der Polizist ging selbst ganz langsam,
denn er wollte unbedingt aufs Bild kommen.

Gestern abend saß ich vor dem Fernseher und sah die Sendung.
Ich fand sie recht gut.
Die Reporter sprachen mit den Leuten über den Bau einer Umgehungsstraße,
und alle sagten ihre Meinung.

Ich meine auch, man muß eine Straße um die Stadt bauen,
denn der Verkehr in der Stadt wird zu stark.
Aber wie war die Meinung des Lehrers? Keine Straße, wir brauchen Schulen.
Und die Meinung des Geschäftsmanns? Keine Straße, sonst geben die Autofahrer kein
Geld mehr bei uns aus.

Georg als Detektiv

Braucht Heimhausen eine Umgehungsstraße?

Über diese Frage redete man in Heimhausen seit Wochen. Die Zeitungen schrieben über den Verkehr in der Stadt, auch Reporter vom Fernsehen kamen und fragten die Bevölkerung nach ihrer Meinung. Sie standen auf dem Marktplatz und diskutierten mit den Leuten. Besonders interessant war das für die Kinder, sie wollten unbedingt aufs Bild kommen. Auch Georg (14)* war immer in der Nähe der Kamera. „Wann kommt denn die Sendung?" wollte er wissen. „Mittwoch um 19 Uhr", war die Antwort des Reporters.

Natürlich saß Georg am Mittwoch abend mit seinen Eltern vor dem Fernseher. Man sah zuerst einige Bilder vom Verkehr auf der Hauptstraße, dann die Reporter und die Leute auf dem Marktplatz. Georg stand ganz vorn im Bild, neben ihm eine Frau mit einer Einkaufstasche. Der Reporter fragte die Frau etwas, und sie antwortete ziemlich lange. Aber was war denn das? Ein Mann griff schnell in die Tasche der Frau und lief eilig weg.

„Na, so was!" rief Georgs Vater. „Das war doch ein Taschendieb!" – „Also doch!" sagte Georg. „Weißt du, das war so: Der Reporter ging weiter, und wir blieben noch stehen. Gerade kam ein Eisverkäufer vorbei, und ich kaufte ein Eis, und Frau Schmidt neben mir auch. Sie wollte auch für mich bezahlen, rief aber plötzlich: „Mein Geld! Mein Geld ist weg!" – Und ich dachte, sie will nicht bezahlen!" – „Da mußt du aber gleich die Polizei anrufen!" sagte die Mutter. Und schon war Georg aus dem Zimmer.

Ein paar Tage später kam ein Polizist zu Georgs Eltern. „Kann ich bitte mit Ihrem Sohn sprechen?" fragte er. Georg kam ins Zimmer. „Nach deinem Anruf waren wir gleich beim Fernsehen. Dort zeigte man uns den Film nochmal. Diesen Taschendieb suchten wir schon lange. Aber jetzt hatten wir ein Bild des Mannes und konnten ihn schnell finden. Er sitzt bereits im Gefängnis – und du bekommst eine Belohnung. Das war wirklich eine gute Arbeit von dir!"

Ein Reporter fragt die Bevölkerung

Reporter: Was denken Sie über den Bau einer Umgehungsstraße?

Hausfrau: Ich finde das sehr gut. Es fahren wirklich zu viele Autos durch die Stadt. Man kann ja fast nicht mehr über die Straße gehen! Und die Kinder! Für die ist es besonders gefährlich.

Geschäftsmann: Ich finde diese Straße nicht so wichtig. Viele Autofahrer halten hier, essen zu Mittag, gehen ins Café und kaufen ein. Sie geben viel Geld aus, und das Geld dieser Leute ist doch wichtig für unsere Stadt.

---

* (14) = 14 Jahre alt

Hausfrau:	Ja, Sie sind Geschäftsmann, aber wir denken an den Lärm und den Gestank der Autos und der Lastwagen. Und das wollen wir nicht.
Lehrer:	Eine Umgehungsstraße kostet sehr viel Geld. Und für unsere Schulen und Kindergärten ist kein Geld da. Das muß doch zuerst kommen; sonst bin ich gegen den Bau dieser Straße.
Verkäufer:	Na, ich weiß nicht. Früher konnte man wenigstens ruhig schlafen, aber heute! Die Autos fahren doch die ganze Nacht! Deshalb bin ich für die Umgehungsstraße! Der Verkehr hier wird zu stark.
Reporter:	Haben Sie vielen Dank! Ihre Meinung war sehr wichtig für uns.

---

stehenbleiben – sitzenbleiben – liegenbleiben:

Der Reporter ging weiter, Georg *blieb* noch *stehen*. – Sie sind krank, Sie müssen noch ein paar Tage *liegenbleiben*. – Bitte, *bleiben* Sie *sitzen!*

finden: Ich kann meine Autoschlüssel nicht *finden*. – Rita *findet* ein Zimmer. Ich *finde* den Bau der Straße sehr gut. – Wie *finden* Sie das Essen?

denken: Ich *denke* oft *an* meine Freunde. – Wie *denken* Sie *über* die Umgehungsstraße? – Kommen Sie morgen? Ja, ich *denke*, ich kann kommen.

meinen	– die Meinung, -en	anrufen	– der Anruf, -e
belohnen	– die Belohnung, -en	bauen	– der Bau, -ten
senden	– die Sendung	ausgeben	– die Ausgabe, -n

Der Genitiv

1. „Mittwoch um 19 Uhr!" ist die Antwort *des Reporters*. – Jetzt hat die Polizei ein Bild *des Mannes*. – Der Dieb greift in die Tasche *der Frau*. – Das Fernsehen wollte die Meinung *der Leute* wissen.

2. *Georgs* Vater ist zu Hause. – Das ist *Frau Beckers* Tasche.

Singular			Plural
maskulin	*neutral*	*feminin*	
des Bruders	**des** Zimmers	**der** Uhr	**der** Brüder (Zimmer, Uhren)
des Freundes **meines** Bruders	**des** Kindes **meines** Zimmers	**meiner** Uhr	**meiner** Brüder (Zimmer, Uhren)

1. *Genitiv Singular maskulin* hat oft die Endung -s oder -es* (s. Abschnitt 11)
   neutral hat immer die Endung -s oder -es*
   feminin hat keine Endung
   Plural hat keine Endung.
2. Namen im Genitiv haben die Endung -s und stehen oft vor dem Nomen. Das Nomen steht dann ohne Artikel.

Wessen Buch ist das? – Das ist das Buch **des Kindes.** – Das ist **Ritas** Buch.
wessen? fragt nach dem Genitiv, aber nur bei Personen.

* Der Genitiv maskulin und neutral hat meist zwei Silben; Nomen mit einer Silbe haben meist die Endung –es: der Mann, des Mannes; aber: der Kaufmann, des Kaufmanns.

Übung 1

Ich kenne Ihren Vater nicht. – Hier habe ich ein Bild meines Vaters.

1. Ihren Sohn   **2.** Ihren Onkel   **3.** Ihr Haus   **4.** Ihr Kind   **5.** Ihre Mutter   **6.** Ihre Freundin   **7.** Ihre Eltern   **8.** Ihre Brüder   **9.** Ihre Freunde   **10.** Ihr Auto

Übung 2

Das Buch gehört meinem Freund. – Wem gehört es? – Meinem Freund. Wessen Buch ist das? – Es ist das Buch meines Freundes.

1. Das Kleid gehört meiner Schwester.   **2.** Die Kamera gehört dem Reporter.   **3.** Das Haus gehört meinen Eltern.   **4.** Das Geld gehört dem Briefträger.   **5.** Die Tasche gehört Ingrid.   **6.** Das Auto gehört einem Geschäftsmann.   **7.** Die Uhr gehört Peter.   **8.** Die Fahrkarte gehört Herrn Breuer.

Übung 3   *Ergänzen Sie den Genitiv!*

Der Wagen gehört meinem Onkel. Heute fahre ich mit dem Wagen meines Onkels.

1. Der Kaufmann hat ein Geschäft. Ich gehe gern in das Geschäft . . . .   **2.** Meine Kinder haben Freunde. Die Freunde . . . . . besuchen uns oft.   **3.** Unser Haus hat einen Balkon. Der Balkon . . . . . ist über dem Schlafzimmer.   **4.** Er studiert an der Universität München. Er besucht die Vorlesungen . . . . . .   **5.** Mein Freund bleibt nur einen Tag. Der Besuch . . . . . ist leider sehr kurz.   **6.** Die Stadt hat viele Straßen. Wir gehen oft durch die Straßen . . . . . .   **7.** Der Reporter fragt die Leute. Er will die Meinung . . . . . wissen.   **8.** Die Polizei hat die Telefonnummer 11 22 33. Georg wählt die Nummer . . . . . .   **9.** Dort steht die Kamera. Georg ist immer in der Nähe . . . . . .

10. Den Dieb suchen wir schon lange. Jetzt haben wir ein Bild . . . . . . **11.** Georg wohnt bei seinen Eltern. Der Polizist spricht mit . . . . . Eltern. **12.** Die Frau mit der Tasche ist Frau Schmidt. . . . . . Geld ist weg.

Das Verb

wissen und werden

Wo ist Georg? – Ich *weiß* es nicht; Rita *weiß* es auch nicht. *Wissen* Sie es? Der Verkehr *wird* zu stark. – Hans *wird* Lehrer, ich *werde* Zahnarzt.

ich weiß	ich werde	wir wissen	wir werden
du weißt	du wirst	usw.	usw.
er weiß	er wird		

Übung 4 *Ergänzen Sie die Formen von* wissen *oder* werden!
1. Wissen Sie die Nummer der Polizei? – Ja, die . . . . . ich. **2.** Wie heißt der Dieb? – Ich . . . . . seinen Namen nicht. **3.** Wann macht Hans seine Prüfung? – Das . . . . . er noch nicht. **4.** Wo ist die Blumenstraße? – Das . . . . . ich leider nicht. **5.** Wann kommen die Reporter? – Ich . . . . . es nicht, vielleicht . . . . . es Georg. **6.** Mein Sohn will Arzt werden, meine Tochter . . . . . Lehrerin. **7.** Rauchen Sie nicht soviel, sonst . . . . . Sie krank! **8.** In dem Abteil sind viele Leute; aber hier . . . . . gerade ein Platz frei. **9.** Stefan ist krank; hoffentlich . . . . . er bald wieder gesund. **10.** Heute gehen wir zu Rita. Das . . . . . sicher sehr nett.

Das Präteritum

1.
Der Reporter *fragte* die Frau etwas, und sie *antwortete* ihm. – „Beim Fernsehen *zeigte* man uns den Film nochmal", *sagte* der Polizist. „Wir *suchten* den Dieb schon lange."

a) *sagen*		b) *antworten*	
ich sag-t-e	-t-e	ich antwort-et-e	-et-e
du sag-t-est	-t-est	du antwort-et-est	-et-est
er sag-t-e	-t-e	er antwort-et-e	-et-e
wir sag-t-en	-t-en	wir antwort-et-en	-et-en
ihr sag-t-et	-t-e	ihr antwort-et-et	-et-et
sie sag-t-en	-t-en	sie antwort-et-en	-et-en

a) wie *sagen*: ablehnen, aufräumen, begrüßen, benützen, bestellen, besuchen, bezahlen, brauchen, danken, dauern, diktieren, drehen, erklären, erreichen, erzählen, fragen, gehören, glauben, grüßen, hoffen, holen, hören, kaufen, klingeln, kochen, leben, legen, lernen, lieben, machen, meinen, rauchen, schenken, setzen, stecken, stellen, suchen, tanzen, üben, verbessern, wählen, wiederholen, wohnen, wollen, wünschen, zählen, zeigen

b) wie *antworten*: arbeiten, bilden, erwarten, kosten, mieten, öffnen, rechnen, reden, schaden, vermieten

Diese Verben sind schwach; sie haben im Präteritum immer ein -t- oder -et- vor der Konjugationsendung.

Übung 5 *Erzählen Sie im Präteritum!*

1. Rita studiert in München. **2.** Sie sucht ein Zimmer. **3.** Deshalb kauft sie eine Zeitung und zeigt ihrer Freundin die Anzeigen. **4.** Sie mietet das Zimmer. **5.** Sie bezahlt die Miete sofort. **6.** Dann holt sie ihren Koffer vom Bahnhof. **7.** Sie will sofort einziehen. **8.** Peter kauft ein Buch. **9.** Es kostet acht Mark. **10.** Dann besucht er Richard. **11.** Er gratuliert ihm zum Geburtstag und wünscht ihm alles Gute. **12.** Er schenkt ihm das Buch. **13.** Richard dankt seinem Freund herzlich. **14.** Richards Mutter macht Kaffee und stellt Kuchen auf den Tisch.

2.

Die Polizei *hatte* ein Bild des Diebes und *konnte* ihn schnell finden. – Ich *kannte* die Frau nicht. – Peter *brachte* Rita Blumen mit.

Infinitiv	Präteritum	Infinitiv	Präteritum
bringen	er brachte	können	er konnte
denken	er dachte	müssen	er mußte
kennen	er kannte	werden	er wurde
haben	er hatte	wissen	er wußte

Übung 6 *Bilden Sie das Präteritum!*

1. Kennen Sie Herrn Meier? Er hat hier ein Geschäft. **2.** Peter und ich müssen eine Arbeit schreiben, aber wir können noch nicht genug Deutsch. **3.** Peter bringt einen Freund mit, der muß uns helfen. **4.** Was denken die Leute über den Bau der Straße? **5.** Viele wollen sie haben, einige wollen sie nicht, und ein paar Leute haben keine Meinung. **6.** Um 5 Uhr wird der Verkehr sehr stark, und wir können kein Taxi finden.

7. Hans wird Lehrer, denn er hat Kinder sehr gern. **8.** Rita denkt nicht an die Prüfung; die kann bald sein, das weiß sie doch.

3.

Am Mittwoch *saß* Georg vor dem Fernseher. Man *sah* zuerst Bilder vom Straßenverkehr; dann *stand* Georg ganz vorn im Bild. Aber was *war* denn das? Ein Mann *griff* schnell in die Tasche einer Frau und *ging* dann eilig weg.

geben	*rufen*	*gehen*	
ich gab	ich rief	ich ging	-
du gab-st	du rief-st	du ging-st	-st
er gab	er rief	er ging	-
wir gab-en	wir rief-en	wir ging-en	-en
ihr gab-t	ihr rief-t	ihr ging-t	-t
sie gab-en	sie rief-en	sie ging-en	-en

Infinitiv	*Präsens*	*Präteritum*	*Infinitiv*	*Präsens*	*Präteritum*
anbieten		er bot ... an	laufen	er läuft	er lief
beginnen		er begann	lesen	er liest	er las
bitten		er bat	liegen		er lag
bleiben		er blieb	nehmen	er nimmt	er nahm
einladen	er lädt ... ein	er lud ... ein	rufen		er rief
einziehen		er zog ... ein	schlafen	er schläft	er schlief
essen	er ißt	er aß	schließen		er schloß
fahren	er fährt	er fuhr	schreiben		er schrieb
finden		er fand	sehen	er sieht	er sah
geben	er gibt	er gab	sitzen		er saß
gefallen	er gefällt	er gefiel	sprechen	er spricht	er sprach
gehen	er ging		stehen		er stand
greifen		er griff	steigen		er stieg
halten	er hält	er hielt	trinken		er trank
hängen		er hing	verlassen	er verläßt	er verließ
heißen		er hieß	waschen	er wäscht	er wusch
helfen	er hilft	er half	werfen	er wirft	er warf
kommen		er kam			

Diese Verben sind stark; sie ändern ihren Vokal und oft auch ihre Konsonanten. Diese Verbformen müssen Sie lernen!

sein: Präteritum: ich **war,** du warst, er war, wir waren, ihr wart, sie waren

Übung 7 *Erzählen Sie im Präteritum!*
1. Die Zeitungen schreiben viel über Heimhausen. **2.** Viele Reporter kommen und sprechen mit den Leuten. **3.** Sie stehen mit der Kamera auf dem Marktplatz. **4.** Georg findet das sehr interessant und ist immer in der Nähe der Kamera. **5.** Am Mittwoch sieht er die Sendung im Fernsehen. **6.** Eine Frau spricht mit einem Reporter. **7.** Da greift ein Mann in ihre Tasche und geht schnell weg. **8.** Georgs Vater ruft: „Das ist doch ein Taschendieb!" **9.** Das Haus meines Vaters ist in der Gartenstraße. **10.** Wir gehen oft zu meinem Vater. **11.** Dann sitzen wir zusammen um den Tisch und trinken Kaffee. **12.** Dieses Haus gefällt mir sehr gut. **13.** Ich lade Erika zum Abendessen ein. **14.** Wir gehen in eine Weinstube und essen dort zu Abend. **15.** Um 1 Uhr schließt die Weinstube, und wir fahren nach Hause.

Übung 8 *Erzählen Sie:* „Peter und Hans studieren in München" (S. 61) im Präteritum!
Beginnen Sie: „Vor vielen Jahren studierte Peter in München ....." (bis: .....
sitzen mit Freunden zusammen.)

Übung 9 *Bilden Sie das Präteritum!*
1. Du bist krank und mußt zu Hause bleiben. **2.** Ihr könnt nicht arbeiten, denn ihr seid müde. **3.** Du kannst die Suppe nicht essen, denn du hast keinen Löffel. **4.** Der Unterricht ist aus, ihr könnt nach Hause gehen. **5.** Ihr müßt in die Stadt gehen, denn ihr wollt ein Geschenk kaufen. **6.** Du willst Auto fahren, aber du hast kein Auto. Also kannst du nicht fahren.

Auskunft auf der Straße

Ein Fußgänger fragt einen Polizisten nach dem Weg.

Fußgänger: Ach entschuldigen Sie, Herr Wachtmeister, wie komme ich zur Beethovenstraße? Ich bin fremd hier. Kann ich mit dem Bus fahren?

Polizist: Zur Beethovenstraße? Warten Sie! – Das ist ziemlich weit. Da müssen Sie die Straßenbahn nehmen, Linie 12. Dort drüben ist die Haltestelle. Sie fahren bis zum Karlsplatz. Dort müssen Sie in die S-Bahn umsteigen – Richtung Westend – und bis zur Schillerstraße fahren.

Fußgänger: Muß ich dann noch zu Fuß gehen?

Polizist: Ja, aber nicht mehr weit. Gehen Sie die Schillerstraße geradeaus nach Norden, dann kommt gleich links die Beethovenstraße. Aber Sie können ja dort noch einmal fragen.

Fußgänger: Danke schön! Sie waren sehr freundlich. Ich gehe gleich zur Haltestelle. Da kommt gerade die Bahn.

Polizist: Halt! Halt! Warten Sie noch einen Augenblick! Sehen Sie denn nicht, die Ampel zeigt Rot! Wir hatten heute schon einen Verkehrsunfall.

Fußgänger: Aber jetzt zeigt die Ampel Grün, und ich kann gehen.

halten – die Haltestelle

einsteigen – aussteigen – umsteigen

die Schillerstraße die Straße trägt den Namen des deutschen Dichters Friedrich von
Schiller, geboren 1759, gestorben 1805.

die Beethovenstraße die Straße trägt den Namen des deutschen Komponisten Ludwig
van Beethoven, geboren 1770, gestorben 1827.

Übung 10 *Kennen Sie Ihre Familie? – Ergänzen Sie die Endungen!*

1. Ich bin der Sohn mein.. Eltern und der Bruder mein.. Schwester. **2.** Die Brüder
mein.. Vaters und mein.. Mutter sind mein.. Onkel. **3.** Die Schwestern mein..
Vaters und mein.. Mutter sind mein.. Tanten. **4.** Die Töchter mein.. Onkel und
mein.. Tanten sind mein.. Kusinen. **5.** Die Eltern mein.. Vaters und die Eltern
mein.. Mutter sind mein.. Großeltern. **6.** Dort steht ein Mann. Der Vater dies..
Mann.. ist der Sohn mein.. Vater... Mein Vater hat nur einen Sohn und keine
Tochter. Wer ist der Mann?*

Übung 11 *Erzählen Sie im Präteritum! Beginnen Sie mit:*

„Jetzt erzähle ich eine Geschichte." **1.** Herr Breuer will in die Beethovenstraße fahren, aber er weiß den Weg nicht. **2.** Er fragt einen Mann nach dem Weg. **3.** Der gibt
ihm freundlich Auskunft. **4.** Zuerst fährt Herr Breuer mit der Straßenbahn. **5.** Am
Marienplatz muß er in die U-Bahn umsteigen. **6.** Er geht zum Bahnsteig. **7.** Viele
Leute warten dort.. **8.** Da kommt der Zug. **9.** Herr Breuer sieht nur den Zug und steigt
ein. **10.** Aber er kommt nicht zur Beethovenstraße, denn die Richtung ist falsch.

Übung 12 *Erzählen Sie auch diese Geschichte im Präteritum!*

„Vor ein paar Tagen ....." **1.** Ich denke wieder einmal an meinen Freund. **2.** Er
wohnt in der Gartenstraße. **3.** Ich besuche ihn oft. **4.** Seine Wohnung gefällt mir.
5. Das Wohnzimmer ist ziemlich groß. **6.** In der Ecke steht eine Couch. **7.** Sie ist
sehr bequem, und wir sitzen gern dort. **8.** Wir trinken Kaffee oder wir essen etwas.
9. Die Frau meines Freundes kocht sehr gut. **10.** Sie bringt immer wieder etwas aus
der Küche und bietet es uns an. **11.** Ich finde das sehr schön, denn als Student esse
ich sonst nicht so gut. **12.** Leider bleibt mein Freund nicht lange in München. (Er
wohnt jetzt in Köln.)

Übung 13 *Wie gehen diese Geschichten weiter?*

1. Georgs Vater erzählt: Gestern konnten wir Georg im Fernsehen sehen. .....
2. Der Polizist erzählt: Heute hatte ich einen Anruf von einem Kind. .....

---

* Mein Sohn

Was hast du heute gemacht?

„Was hast du denn heute gemacht, Rita?"
„Heute morgen habe ich die Wohnung aufgeräumt,
dann habe ich meine Freundin besucht.
Wir haben zusammen zu Mittag gegessen
und uns sehr gut unterhalten.
Ich bin bis 3 Uhr bei ihr geblieben
und erst um halb vier wieder heimgekommen."

Fritz sitzt im Café Meran und sieht Erika.
Sie kommt gerade in das Café.
„Guten Tag, Fräulein Erika! Wir haben uns lange nicht gesehen!
Setzen Sie sich doch zu mir!
Darf ich Sie zu einer Tasse Kaffee einladen?"
„Danke, ich habe schon Kaffee getrunken."

Peter hat Inge bei einer Party kennengelernt.
Sie hat ihm gut gefallen,
und er hat sich mit ihr verabredet.
Um 8 Uhr wollten sie sich gestern vor dem Palastkino treffen.
Peter hat sich sehr auf den Abend gefreut.
Er hat ein paar Blumen gekauft
und ist pünktlich vor dem Kino gewesen.
Aber sie ist nicht gekommen.

Herr Müller kommt zu spät und entschuldigt sich:
„Entschuldigen Sie, ich habe mich verspätet.
Haben Sie schon lange gewartet?
Ich konnte wirklich nicht früher kommen.
Zuerst bin ich im Verkehr steckengeblieben,
und dann habe ich nicht gleich einen Parkplatz gefunden."

Freundinnen

Ungeduldig wartet Peter Schmidt vor dem Palastkino. Es ist schon fünf vor halb neun, und Fräulein Inge ist noch nicht gekommen. Um halb neun beginnt der Film.

Peter hat Inge neulich bei einer Party kennengelernt und sich für heute um acht Uhr mit ihr verabredet.

Jetzt ist es schon halb neun, und Peter wird nervös. Er geht an die Kasse und fragt: „Hat der Film schon angefangen?" Das Fräulein an der Kasse sagt: „Nein, aber der Vorfilm läuft schon."

Jetzt kommt Inge endlich, aber nicht allein, sondern mit einer Freundin. „Guten Abend, Herr Schmidt!" sagt sie und lächelt. „Sie haben sicher schon gewartet, entschuldigen Sie bitte! Ich habe meine Freundin getroffen, und wir haben uns ein wenig verspätet. Darf ich Ihnen Gisela vorstellen? Das ist Herr Schmidt – Fräulein Bender." – „Ich freue mich", sagt Peter. „Sie gehen doch mit uns ins Kino?" – „Ich möchte nicht stören", antwortet Gisela. – „Aber nein, Sie stören überhaupt nicht", sagt Peter, denn er findet Gisela sehr nett.

Nach der Vorstellung fragt Peter die Mädchen: „Darf ich Sie noch zu einem Eis oder zu einem Glas Wein einladen?" – „Danke, sehr gern!" Dann gehen sie zusammen ins Café Meran. Sie unterhalten sich sehr gut. Um ein Uhr macht das Café zu, und sie müssen nach Hause gehen.

„Darf ich Sie nach Hause bringen?"
„Nein danke, das ist wirklich nicht nötig. Ich fahre mit Gisela heim. Ich wohne direkt neben ihr. Ihr Wagen steht drüben auf dem Parkplatz."
„Können wir uns bald einmal wiedersehen, Fräulein Krüger?"
„Ich weiß es nicht; rufen Sie doch im Büro an; hier ist die Nummer."

Peter bringt die Mädchen zum Parkplatz und verabschiedet sich von ihnen.

Unterwegs fragt Inge: „Du, Gisela, wie findest du Herrn Schmidt?" – „Recht nett", antwortet Gisela. „Aber sag mal, Inge, warum hast du ihm deine Telefonnummer gegeben? Ist das denn Karl recht?" – „Das war ja nicht meine Büronummer – sondern deine!" – „Na, du bist gut!"

Peter telefoniert

Peter: Hier Peter Schmidt! Kann ich bitte Fräulein Krüger sprechen?
Gisela: Leider nicht, Herr Schmidt! Inge arbeitet nicht bei uns. Hier ist Gisela Bender.
Peter: Fräulein Bender! Das ist aber eine Überraschung! Ich freue mich sehr. Wie geht es Ihnen denn?
Gisela: Danke, gut! Und nochmals vielen Dank für den Abend neulich!
Peter: Ja, das war wirklich nett. Können wir uns nicht bald wieder treffen?
Gisela: Das geht leider nicht. Inge ist nicht da; sie ist in Urlaub gefahren.
Peter: Dann kommen Sie doch allein! Wir haben uns neulich so gut unterhalten. Haben Sie vielleicht morgen abend Zeit?
Gisela: Ja, morgen habe ich nichts vor.
Peter: Was meinen Sie – morgen um acht im Café Meran? Ist Ihnen das recht?
Gisela: Ja gut, Herr Schmidt; ich freue mich auf morgen abend. Auf Wiedersehen!

Fräulein Inge kommt sehr spät. *Sie* hat unterwegs *ihre* Freundin getroffen. An der Kasse sitzt eine Frau. Sie ist „das Fräulein an der Kasse". Nur zu ihr, zu einer Verkäuferin oder zu einer Bedienung im Restaurant kann man „Fräulein" ohne Namen sagen.

Da kommt *ein Mädchen.* Es ist fünfzehn Jahre alt.
Das Mädchen heißt Inge. *Sie* ist meine Freundin.

Ich freue mich *auf den* Urlaub. (ich war noch nicht im Urlaub)
Ich freue mich *über das* Geschenk. (ich habe es schon bekommen)

Ist *Ihnen* das recht? – Ja, es ist *mir* recht.

er bringt *mir* das Frühstück   er bringt *mich* nach Hause
ich *gehe* jetzt *nach Hause*   = ich *gehe* jetzt *heim*
ich *bin* um 8 Uhr *zu Hause*   = ich *bin* um 8 Uhr *daheim*

Reflexivpronomen

1. *Ich* freue *mich* sehr. Freust *du dich* auch? Und Peter? *Er* freut *sich* auch. Wann trefft
ihr euch? – *Wir* treffen *uns* um 8 Uhr. – *Die Freunde* treffen *sich* vor dem Kino. – Bitte
verspäten *Sie sich* nicht!
2. *Ich* kaufe *mir* ein Buch. – *Er* kauft *sich* eine Uhr. – Kaufen *Sie sich* die Uhr?

1. ich	wasche	**mich**	2. ich	wasche	**mir**	die Hände
du	wäschst	**dich**	du	wäschst	**dir**	die Hände
er (es, sie)	wäscht	**sich**	er (es, sie)	wäscht	**sich**	die Hände
wir	waschen	**uns**	wir	waschen	**uns**	die Hände
ihr	wascht	**euch**	ihr	wascht	**euch**	die Hände
sie (Sie)	waschen	**sich**	sie (Sie)	waschen	**sich**	die Hände

1. Das Reflexivpronomen für **ich, du, wir, ihr** = Personalpronomen (s. S. 74)
   Das Reflexivpronomen für **er, es, sie** (Singular und Plural) und **Sie** ist **sich**;
   sich ist Akkusativ und Dativ, Singular und Plural.
2. Das Verb hat ein Akkusativ- und ein Dativobjekt. Dann ist das Reflexivpronomen immer Dativ *(Person):* **Wem** wäscht er die Hände? – Er wäscht **sich** die
   Hände.

Ich wasche **das Kind.** – Peter kauft **ihm** (dem Kind) ein Buch. *(zwei Personen)*
Ich wasche **mich.**   – Peter kauft **sich** ein Buch.   *(eine Person)*

Übung 1

Die Kinder bekommen Schokolade. Sie freuen sich sehr.

1. Frau Meier bekommt Blumen. **2.** Wir haben keinen Unterricht. **3.** Peter trifft Inge.
4. Wir fahren nach Italien. **5.** Ingrid und Stefan haben keinen Fehler.

Ich gehe heute ins Kino. Hoffentlich unterhalte ich mich gut.

6. Wir gehen heute ins Theater. **7.** Du gehst morgen zum Tanzen. **8.** Ingrid geht zu
einer Party. **9.** Inge und Peter gehen spazieren. **10.** Frau Meier hat Besuch. **11.** Herr
Breuer und seine Frau fahren morgen in Urlaub.

> Mein Vater kauft meinem Bruder einen Füller. Ich kaufe mir den Füller selbst.

12 Die Mutter wäscht dem Kind die Hände. Ich . . . . . **13.** Meine Eltern kaufen mir den Mantel. Paul . . . . . **14.** Frau Hartmann wäscht mir die Wäsche nicht. Ich muß . . . . . **15.** Erika ist krank. Sie kann Fritz das Essen nicht kochen. Fritz muß . . . . . **16.** Machen Sie mir das Frühstück? – Nein, Sie müssen . . . . .

Übung 2 *Ergänzen Sie die Relativpronomen!*

1. Wir treffen . . . . . in einer Weinstube. **2.** Fritz setzt . . . . . an den Tisch und bestellt . . . . . ein Glas Wein. **3.** Ich setze . . . . . zu ihm und bestelle . . . . . eine Tasse Kaffee. **4.** Inge und Gisela entschuldigen . . . . . bei Peter. **5.** Wir haben . . . . . leider verspätet. **6.** Wir müssen . . . . . jetzt verabschieden. **7.** Fritz will . . . . . von uns verabschieden. **8.** Er muß . . . . . noch eine Zeitung kaufen.

Das Verb

dürfen *(siehe Modalverben, Seite 72)*

1. Sie sind krank, Sie *dürfen* nicht rauchen. – *Darf* ich ein Glas Wein trinken? – Ja, das *dürfen* Sie. – Er *darf* aber keinen Kaffee trinken.
2. Peter ist höflich. Er fragt Inge: „*Darf* ich Sie zu einer Tasse Kaffee einladen? – *Darf* ich Sie nach Hause bringen?"

Präsens:	ich darf	wir dürfen	*Präteritum:*	ich durfte
	du darfst	ihr dürft		du durftest
	er darf	sie dürfen		usw.

Übung 3 dürfen

1. Der Arzt sagt, ich . . . . . keinen Kaffee trinken. **2.** Mein Vater . . . . . auch keinen Kaffee trinken. **3.** Hier ist ein Brief für dich. . . . . . ich ihn lesen? . . . . . ihn Rita auch lesen? **4.** Die Ampel zeigt Rot. Sie . . . . . nicht über die Straße gehen, mein Herr!

Übung 4 *Wie fragt man höflich?*

> Sie wollen rauchen. – Darf ich (bitte) rauchen?

1. Sie wollen zum Abendessen kommen. **2.** Sie wollen mir eine Zigarette anbieten. **3.** Sie wollen mich ins Kino einladen. **4.** Sie wollen mir eine Tasse Kaffee holen. **5.** Sie und Ihr Freund wollen sich an diesen Tisch setzen. **6.** Sie und Ihr Freund wollen mich nach Hause bringen.

Das Perfekt

1. a) schwache Verben

1. Ich *habe* ein Buch *gekauft*.
2. Er *hat* die Tür *zugemacht*.
3. Sie *hat* das Zimmer *vermietet*.
   Er *hat* in Köln *studiert*.

b) starke Verben

Ich *habe* das Geld *gefunden*.
Er *hat* mich *eingeladen*.
Die Vorstellung *hat* schon *begonnen*.

	Infinitiv	*Partizip Perfekt*	
a) *schwach*	1. kaufen	ge-kauf- t	ge- t
	2. zumachen	zu-ge-mach- t	-ge- t
	3. vermieten	vermiet-et	-et
	studieren	studier- t	- t
b) *stark*	1. finden	ge-fund-en	ge-en
	2. einladen	ein-ge-lad- en	-ge-en
	3. beginnen	begonn-en	-en

Das Partizip Perfekt hat die Vorsilbe **ge-**.
Bei trennbaren Verben wie **zumachen, einladen** steht -ge- zwischen Vorsilbe und Verb (siehe Seite 47).

Die Vorsilbe **ge-** steht nicht:
a) bei untrennbaren Verben wie **vermieten, beginnen** (siehe Seite 47)
b) bei Verben auf -ieren (studieren)

a) Die Verben **kaufen, zumachen** usw. sind schwach. Das Partizip Perfekt hat die Endung -t oder -et.
b) Die Verben **finden, einladen** usw. sind stark. Das Partizip Perfekt hat die Endung -en. Diese Verben ändern oft den Stammvokal und die Konsonanten.

Übung 5 *Bilden Sie das Partizip Perfekt!*

1. danken – grüßen – stellen – fragen – sagen – antworten – mieten – kosten – einkaufen – aufräumen – ablehnen – zumachen – kennenlernen – erklären – erreichen – besuchen – studieren – gratulieren – diskutieren – erzählen – frühstücken. **2.** *geben – gegeben:* ausgeben – mitgeben – zurückgeben **3.** *kommen – gekommen:* bekommen – ankommen – wiederkommen **4.** *stehen – gestanden:* verstehen – aufstehen **5.** *gehen – gegangen:* vorbeigehen – weggehen – vergehen – weitergehen **6.** *steigen – gestiegen:* aussteigen – einsteigen – umsteigen

Das Perfekt mit „haben"	Das Perfekt mit „sein"
2. a) Ich *habe* ein Buch *gekauft*. Er *hat* dem Vater *geholfen*. Die Vorstellung *hat* schon *begonnen*. Er *hat* lange *geschlafen*.	**b)** Wir *sind* nach Hause *gegangen*. Wir *sind* mit dem Zug nach Köln *gefahren*. Fritz *ist* gut in Frankfurt *angekommen*. Frau Becker *ist* leider krank *geworden*.

a) Wir bilden das Perfekt meistens mit dem **Präsens** von **haben** und dem **Partizip Perfekt**.

b) Einige Verben, wie **kommen gehen, fahren** usw. bilden das Perfekt mit dem **Präsens** von **sein** und dem **Partizip Perfekt**. Sie können **kein Akkusativobjekt** haben und bezeichnen meistens eine Fortbewegung.

sein:	ich **bin** . . . . . gewesen
bleiben:	ich **bin** . . . . . geblieben
werden:	ich **bin** . . . . . geworden

3.

I	II	III	E
Ich Leider	habe hat Sind	mir gestern ein Buch Herr Breuer den Weg nicht Peter und Fritz gestern mit dem Zug	gekauft. gefunden. gefahren?

Das Partizip Perfekt steht **am Ende** des Satzes.

Übung 6 *Bilden Sie das Perfekt!*

1. Peter kauft die Kinokarten. **2.** Er wartet lange auf Inge. **3.** Inge verspätet sich leider sehr. **4.** Dann kommt sie mit einer Freundin. **5.** „Ach, Herr Schmidt, Sie stehen vor dem Kino und warten auf mich!" **6.** „Ich freue mich doch auf diesen Abend", sagt Peter. **7.** Rita geht in die Stadt und kauft sich einen Mantel. **8.** Dann braucht sie auch noch Handschuhe. **9.** Sie gibt ziemlich viel Geld aus. **10.** Sie hat gerade noch das Geld für den Bus. **11.** Heute besuche ich Herrn Braun. **12.** Ich gratuliere ihm zum Geburtstag und wünsche ihm alles Gute. **13.** Er wird heute 30 Jahre alt. **14.** Ich gehe in einen Beatkeller, aber ich bleibe nicht lang.

Stammformen der starken Verben*

I.

a) ei	– ie:	– ie:	:	bleiben	blieb	ist geblieben
				schreiben	schrieb	geschrieben
				steigen	stieg	ist gestiegen
b) ei	– i	– i	:	leiden	litt	gelitten

a) Stammvokal im Präteritum und im Perfekt **lang**
b) Stammvokal im Präteritum und im Perfekt **kurz**

II.

a) e:	– o:	– o:	:	heben	hob	gehoben
i:	– o:	– o:	:	bieten	bot	geboten
				ziehen	zog	gezogen
ü:	– o:	– o:	:	lügen	log	gelogen
b) i:	– o	– o	:	schließen	schloß	geschlossen

a) Stammvokal im Präteritum und Perfekt **lang**
b) Stammvokal im Präteritum und Perfekt **kurz**

III.

i	– a	– u	:	finden	fand	gefunden
				trinken	trank	getrunken

IV.

a) e: (i:)	– a:	– o:	:	stehlen (er stiehlt)	stahl	gestohlen
b) e: (i)	– a:	– o	:	nehmen (er nimmt)	nahm	genommen
e (i)	– a:	– o	:	sprechen (er spricht)	sprach	gesprochen
				treffen (er trifft)	traf	getroffen
o	– a:	– o	:	kommen	kam	gekommen
c) e (i)	– a	– o	:	helfen (er hilft)	half	geholfen
				werfen (er wirft)	warf	geworfen
i	– a	– o	:	beginnen	begann	begonnen

a) Stammvokal im Infinitiv, Präteritum und Perfekt **lang**
b) Stammvokal im Präsens (Sing.) und im Perfekt **kurz**, im Präteritum **lang**
c) Stammvokal im Infinitiv, Präteritum und Perfekt **kurz**

* Verben nach dem Alphabet siehe Seite 173.

V.

a) e:(i:)	– a:	– e: :	lesen (er liest)	las	gelesen
			sehen (er sieht)	sah	gesehen
e:(i)	– a:	– e: :	geben (er gibt)	gab	gegeben
i:	– a:	– e: :	liegen	lag	gelegen
i	– a:	– e: :	bitten	bat	gebeten
b) e (i)	– a:	– e :	essen (er ißt)	aß	gegessen
i	– a:	– e :	sitzen	saß	gesessen

a) Stammvokal im Präteritum und im Perfekt **lang**
b) Stammvokal im Präteritum **lang**, im Perfekt **kurz**

VI.

a) a: (ä:)	– u:	– a: :	fahren (er fährt)	fuhr	ist gefahren
			laden (er lädt)	lud	geladen
			tragen (er trägt)	trug	getragen
b) a (ä)	– u:	– a :	waschen (er wäscht)	wusch	gewaschen

a) Stammvokal ist immer **lang**   b) Stammvokal ist immer **kurz**

VII.

a) a (ä)	– i:	– a :	halten (er hält)	hielt	gehalten
			fangen (er fängt)	fing	gefangen
			schlafen (er schläft)	schlief	geschlafen
b) o: (ö:)	– i:	– a :	stoßen (er stößt)	stieß	gestoßen
c) u:		– i:	– u: :	rufen	rief	gerufen
d) au (äu)	– i:	– au :	laufen (er läuft)	lief	ist gelaufen
e) ei	– i:	– ei :	heißen	hieß	geheißen

Stammvokal im Infinitiv und im Perfekt **gleich**
Vokal im Präteritum **i:**

VIII. *Bitte merken Sie sich!*

gehen	– ging	– ist gegangen	bringen	– brachte –	hat gebracht
stehen	– stand	– hat gestanden	denken	– dachte –	hat gedacht
sein	– war	– ist gewesen	kennen	– kannte –	hat gekannt
werden	– wurde –	ist geworden	dürfen	– durfte –	hat gedurft
haben	– hatte –	hat gehabt	können	– konnte –	hat gekonnt
wissen	– wußte –	hat gewußt	müssen	– mußte –	hat gemußt

Übung 7 *Üben Sie die Formen (Perfekt)!*

1. Ich schreibe einen Brief. – Wir bleiben lange bei euch. – Er steigt in München aus. – Sie bleiben leider nicht hier. – Steigen Sie in Köln aus? – Er schreibt die Rechnung sofort. – Georg bleibt noch stehen.

2. Wir schließen die Fenster. – Er bietet Walter eine Zigarette an. – Wir ziehen die Mäntel an. – Schließen Sie immer die Tür zu? – Er zieht sich aus.

3. Er findet den Weg nicht. – Sie trinken gern Kaffee. – Gisela findet Peter sehr nett. – Ich trinke nicht gern Milch. – Trinken Sie Wein?

4. Wir treffen uns am Sonntag. – Der Film beginnt um 8 Uhr. – Er nimmt das Buch aus dem Regal. – Die Kinder sprechen mit dem Briefträger. – Der Dieb stiehlt das Geld. – Der Zug kommt um 6 Uhr an. – Der Schaffner hilft der Frau. – Ich werfe einen Brief ein. – Er kommt am Montag. Dann bekommt er das Geld. – Wir sprechen von gestern abend. – Er kommt oft zu mir und hilft mir.

5. Er liest die Zeitung. – Wir bitten um Entschuldigung. – Er liegt im Bett. – Sie ißt viel Obst. – In diesem Sessel sitzt man bequem. – Er gibt mir eine Mark. – Jetzt sieht er Inge. – Frau Krüger gibt den Kindern einen Apfel mit. – Wir sitzen immer auf der Couch. – Sie gibt zu viel Geld aus.

6. Peter lädt Fritz ein. – Waschen Sie heute Ihr Auto? – Wir fahren nach Berlin. – Er trägt die Koffer zum Wagen. – Du fährst zu schnell! – Wir laden gern Freunde ein und fahren mit ihnen spazieren.

7. Der Zug hält nicht in Heimhausen. – Der Tag fängt heute nicht gut an. – Ich rufe das Kind, aber es läuft doch auf die Straße. – Wie heißt der Mann? – Peter ruft Inge an. – Wir schlafen zu lange. – „Halt!" ruft der Polizist, und der Wagen hält. – Der Dieb läuft schnell weg. – Bei diesem Film schläfst du!

8. Ich habe leider keine Zeit. – Ich gehe zum Bahnhof. – Es ist schon 8 Uhr. – In (!) zehn Minuten geht mein Zug. – Frau Schmidts Geld ist weg. – Sie steht auf dem Marktplatz. – Wer ist der Dieb? Ich weiß es nicht. – Ich kenne diesen Mann nicht. – Peter bringt Inge nicht nach Hause. – Wir denken oft an euch und eure Reise. – Hoffentlich geht alles gut. – Die Reise wird sicher sehr schön. – Was bringt ihr uns denn von der Reise mit?

Übung 8 *Wie heißt das im Perfekt?*

1. Der Kaufmann liest das Telegramm und ruft seinen Freund an. **2.** Der Dieb kommt um Mitternacht ins Haus und stiehlt einen Koffer. **3.** Der Zug hält nicht lange in Mainz; er fährt gleich weiter. **4.** Die Leute sitzen im Kino, und der Film beginnt. **5.** Fritz kauft Briefpapier und schreibt einen Brief an seine Kusine. **6.** Ich treffe meinen Freund und gehe mit ihm in ein Gasthaus. **7.** Wir setzen uns an einen Tisch, essen Fisch und trinken ein Glas Wein dazu. **8.** Rita kommt heute; sie hat Zeit und hilft mir. **9.** Er sieht Herrn Braun und spricht mit ihm, denn er kennt ihn gut. **10.** Ich nehme den Hörer ab, werfe zwei Zehnpfennigstücke ein und telefoniere. **11.** Er steht auf, zieht seinen Mantel an und geht weg. **12.** Sie bittet ihn um das Buch, und er gibt es ihr. Er braucht es nicht mehr.

Übung 9 Was haben Sie gestern gemacht?

in München sein	Wir sind in München gewesen.

1. einen Freund besuchen — und . . . .
2. den Weg nicht wissen — Leider . . . .
3. einen Mann fragen; uns den Weg erklären — Deshalb . . . . ; er . . . .
4. nicht einfach sein — Das . . . .
5. mit der Straßenbahn fahren — Zuerst . . . .,
6. in die U-Bahn umsteigen — dann . . . .
7. 40 Minuten dauern — Die Fahrt . . . .
8. uns um 4 Uhr erwarten — Mein Freund . . . .,
9. erst um halb fünf kommen — aber wir . . . .
10. uns begrüßen und sagen — Mein Freund . . . . . und . . . . ;
11. lange brauchen — „Ihr . . . .
12. kalt werden — Hoffentlich . . . . . der Kaffee nicht . . . . ".
13. sich an den Tisch setzen und Kaffee trinken — Dann . . . . und . . . .
14. sich gut unterhalten und erst spät heimgehen — Wir . . . . und . . . .

Am Morgen und am Abend

Der Wecker klingelt. Es ist sieben Uhr. Max muß aufstehen. Das fällt ihm schwer, denn er ist gestern auf einer Party gewesen, und es ist spät geworden. Aber es hilft nichts, er muß ja pünktlich zur Arbeit kommen. Also geht er ins Bad, putzt sich die Zähne und duscht sich kalt. Das macht ihn frisch. Er trocknet sich ab, zieht seinen Bademantel an und kämmt sich die Haare. Dann macht er sich fertig und geht zum Frühstück.

An diesem Abend liegt Max schon um elf Uhr im Bett. Er ist sehr müde und möchte sich ausschlafen. Vorher hat er sich ausgezogen, seinen Anzug auf einen Kleiderbügel gehängt und seine Schuhe neben das Bett gestellt. Er will noch lesen, aber bald macht er das Licht aus und schläft ein.

Was braucht man im Bad? Zum Waschen braucht man natürlich Wasser und außerdem einen Waschlappen, Seife und ein Handtuch. Die Zähne putzt man sich mit einer Zahnbürste und mit Zahnpaste. Die ist gewöhnlich in einer Tube. Man frisiert sich mit einem Kamm und mit einer Bürste.

Was braucht Max noch? Max rasiert sich elektrisch. Das ist bequem und geht schnell. Eine Steckdose für den Stecker seines Apparates findet er im Badezimmer.

Und was braucht Inge? Inge macht sich gern hübsch zurecht. Sie pflegt ihr Gesicht mit einer Hautcreme und nimmt etwas Puder und einen Lippenstift. Sie braucht unbedingt einen Spiegel. Sie schaut oft in den Spiegel.

Licht machen (das Licht **an**machen) – das Licht **aus**machen

schlafen – ausschlafen – einschlafen (ich bin eingeschlafen)
Morgen ist Sonntag; da kann ich ausschlafen. (man muß nicht aufstehen)

das (es) geht schnell (langsam, leicht, schwer)
das (es) fällt mir schwer (leicht)
das (es) macht mich frisch (krank, gesund, nervös)

Ich sehe einen Spiegel. – Ich schaue in den Spiegel.
Er putzt sich die Zähne. – Er putzt seine Schuhe.
Sie macht sich fertig. (zieht sich an) – Sie macht sich zurecht. (= hübsch)

Übung 10

1. Ich habe mich mit Herrn Müller verabredet. *(wir)* – *Wir haben uns mit Herrn Müller verabredet.* – du – Fräulein Huber – Peter – die Mädchen – ihr – meine Tante – meine Eltern – der Reporter – die Kollegin

2. Ich habe mich von meinem Freund verabschiedet. *(Peter)* – *Peter hat sich von seinem Freund verabschiedet.* – ihr – der Detektiv – die Kinder – wir – das Mädchen – der Arzt – meine Tante – mein Vetter – du – Fräulein Inge

Übung 11   schon – noch nicht

Hast du die Karte schon gekauft? – Nein, ich habe sie noch nicht gekauft.

1. Hast du das Zimmer schon gemietet?   **2.** Hast du das Frühstück schon bekommen?
3. Hast du die Zigarette schon geraucht?   **4.** Hast du den Kuchen schon gegessen?
5. Hast du die Zeitung schon geholt?

Hast du schon eine Karte gekauft? – Nein, ich habe noch keine Karte gekauft.

6. Hast du schon ein Zimmer gemietet? **7.** Hast du schon Frühstück bekommen?
8. Hast du schon eine Zigarette geraucht? **9.** Hast du schon Kuchen gegessen?
10. Hast du schon eine Zeitung geholt?

Übung 12   *Können Sie die Verbformen?*

Infinitiv	Präsens	Präteritum	Perfekt
bleiben	er bleibt	er blieb	er ist . . . . . geblieben
. . . .	. . . .	. . . .	er hat . . . . . angeboten
anfangen	. . . .	. . . .	. . . .
. . . .	er zieht . . . . . an	. . . .	. . . .
. . . .	. . . .	er begann	. . . .
. . . .	. . . .	. . . .	er hat . . . . . bekommen
. . . .	er bittet	. . . .	. . . .

Finden Sie alle Formen! bringen – er hat gedacht – einladen – er steigt ein – er aß –
er fährt – fallen – er hat es gefunden – geben – er geht weg – er hat etwas gehabt – er
hielt – heißen – er hat ihm geholfen – er kennt es – er kam – laufen – er hat das gelesen –
er liegt – er nahm es – er hat mich gerufen – schlafen – er schließt die Tür – er hat mir
geschrieben – er sah etwas – er ist hier – er hat dort gesessen – sprechen – er stand in
der Ecke – stehlen – er trägt etwas – er hat ihn getroffen – er trinkt – sich waschen –
er wurde Arzt – er wirft den Brief ein – er hat es gewußt

Übung 13   *Bilden Sie das Perfekt!*

1. Inge zog gestern in ihre Wohnung ein. **2.** Wir gingen zu ihr und besuchten sie.
3. Wir brachten ihr ein paar Blumen mit. **4.** Wir sprachen über die Wohnung; sie
gefiel uns sehr gut. **5.** Dann kamen noch zwei Freunde. **6.** Sie halfen ihr und hängten
die Bilder an die Wand. **7.** Wie hießen sie? Kanntest du sie nicht? **8.** Ich fand sie
sehr nett. **9.** Wir unterhielten uns gut und blieben sehr lange. **10.** Wir kamen erst
sehr spät heim.

Übung 14   *Zu den Texten*

Freundinnen

1. Wo wartet Herr Schmidt auf Fräulein Huber? **2.** Kennt er sie schon lange?
3. Wo hat er sie kennengelernt? **4.** Haben sich Herr Schmidt und Fräulein Huber
schon oft getroffen? **5.** Warum muß Herr Schmidt so lange warten? **6.** Sind die Mädchen zu Fuß gekommen? **7.** Inge stellt Gisela vor. Wie macht sie das? **8.** Was sagt

Herr Schmidt? **9.** Warum will Gisela nicht mit ins Kino gehen? **10.** Peter bringt die Mädchen nicht nach Hause. Ist das nicht sehr unhöflich? **11.** Inge hat Peter die Telefonnummer gegeben. Ist das richtig? **12.** Was denken Sie: wer ist Karl?

Peter telefoniert

1. Wen will Peter anrufen? **2.** Wer ist am Apparat? **3.** Verabredet sich Peter mit Gisela? **4.** Warum kommt Inge nicht mit?

Übung 15 *Peter ruft Inge zu Hause an. Sie hören nur Inge. Was sagt Peter?*

1. . . . . – Am Apparat. Aber von wem haben Sie denn meine Telefonnummer?

2. . . . . – Nein, ich habe sie Ihnen nicht gegeben.

3. . . . . – Natürlich, da kann man jede Telefonnummer finden.

4. . . . . – Hören Sie, Herr Schmidt, ich habe wirklich keine Zeit. Ich fahre morgen in Urlaub.

5. . . . . – Ich fahre nach Italien, und ich freue mich schon sehr.

6. . . . . – Danke sehr und auf Wiedersehen!

Urlaub auf dem Bauernhof

In diesem Sommer waren wir im Urlaub auf dem Land. Wir wohnten auf einem Bauernhof, und es hat uns sehr gut gefallen. Die Landschaft war sehr schön. In der Nähe unsres Hauses war ein See. Wir konnten immer baden, und es gab dort Berge über 3000 Meter. Ich bin oft in den Wald gegangen und habe Pilze gesucht. Unser Bauer hatte viel Vieh: fünfzehn Kühe und drei Pferde. Da sind die Kinder auch gern auf dem Hof geblieben.

Gestern war das Wetter schön, und wir sind spazierengegangen. Plötzlich kamen viele Wolken, und der Himmel wurde ganz schwarz. Wir gingen schnell in ein Gasthaus, denn wir hatten keinen Regenschirm. Es blitzte und donnerte, und dann regnete es stark. Doch das Gewitter war bald vorbei, und auch der Regen dauerte nicht lange. Bald schien die Sonne wieder, und wir konnten weitergehen.

Ein Mißverständnis

Ein Tourist aus Frankreich machte einmal eine Reise durch Österreich. Er besuchte viele Städte und sah sich die Landschaft mit ihren Bergen und Seen an. Meistens fuhr er auf Nebenstraßen, denn er wollte das Leben der Menschen auf dem Land kennenlernen. Er fuhr an Bauernhöfen vorbei und sah das Vieh auf den Wiesen. Das Wetter war schön, die Sonne schien, – und die Fahrt machte ihm viel Freude.

Plötzlich kamen Wolken aus dem Westen, es wurde ganz dunkel, und schon nach ein paar Minuten regnete es; es blitzte und donnerte. Bei diesem Gewitter wollte der

Franzose nicht weiterfahren und hielt im nächsten Dorf vor einem Gasthaus. Es war gerade Mittagszeit.

Er trat in die Gaststube ein, setzte sich an einen Tisch und wollte sich ein Mittagessen bestellen. Aber er konnte nicht Deutsch, und der Wirt verstand kein Wort Französisch. Das war sehr unangenehm für den Touristen, denn er hatte Hunger und konnte nichts bestellen. Da hatte er plötzlich eine Idee. Er nahm eine Papierserviette und zeichnete einen Pilz, denn er hatte gerade Appetit auf Pilze. Der Wirt sah die Zeichnung, nickte mit dem Kopf und ging weg.

Der Gast freute sich auf das Essen, und besonders auf die Pilze. Aber er freute sich zu früh, denn der Wirt brachte keine Pilze – sondern einen Regenschirm.

Ein Gespräch

Im Bahnhofsrestaurant ist es sehr voll. Ein Herr fragt zwei Gäste:
„Darf ich mich zu Ihnen setzen?"
„Aber bitte, nehmen Sie nur Platz! – Sie sind nicht von hier?"
„Nein, ich bin Ausländer, ich bin Grieche, und Sie?"
„Ich bin Franzose, und mein Freund ist Amerikaner. Aber er spricht noch nicht gut Deutsch."
„So, einen Amerikaner habe ich schon einmal kennengelernt, aber noch keinen Franzosen."
„Und ich noch keinen Griechen. – Ja, Griechenland ist sehr schön, sagt man. Dahin möchte ich auch einmal fahren."
„Ja, schön ist es bei uns zu Hause. Aber hier gefällt es mir auch ganz gut."
„Na, dann trinken wir einmal auf Griechenland! Prost!"

---

die Stadt – das Land   in der Stadt – auf dem Land
die Gaststube – die Weinstube – die Bierstube

das Vieh *(kollektiv):* Haustiere, z. B. Pferde, Kühe, Schafe

regnen – der Regen   blitzen – der Blitz   donnern – der Donner
der Hunger – hungrig   der Durst – durstig
verstehen – mißverstehen (falsch verstehen) – das Mißverständnis

---

Wiederholung und Ergänzung der Deklination

	Singular	Plural
Akk.:	Der Wirt fragt den Mann.	Er fragt die Männer.
	Der Wirt fragt den Studenten.	Er fragt die Studenten.
Dat.:	Peter hilft dem Freund.	Er hilft den Freunden.
	Peter hilft dem Bauern.	Er hilft den Bauern.
Gen.:	Hier ist der Koffer des Gastes.	Hier sind die Koffer der Gäste.
	Hier ist der Koffer des Herrn*.	Hier sind die Koffer der Herren.

Singular	*maskulin*				*neutral*		*feminin*
Nom.:	der Freund	der Mensch			das Kind		die Frau
Akk.:	den –	den –	en		das –		die Frau
Dat.:	dem –	dem –	en		dem –		der –
Gen.:	des – es	des –	en		des – es		der –

Plural						
Nom.:	die Menschen (Frauen)			die Freunde (Kinder, Mütter)		
Akk.:	die – (–)			die – (– , –)		
Dat.:	den – (–)			den – n (– n, – n)		
Gen.:	der – (–)			der – (– , –)		

1. Maskuline Nomen mit der Pluralendung -en haben im Singular immer -en, außer im Nominativ.
2. Maskuline Nomen mit anderer Pluralendung haben im Gen. Sing. -(e)s.
3. Neutrale Nomen haben im Genitiv Singular immer die Endung -(e)s.
4. Feminine Nomen haben im Singular keine Endung.

Dativ Plural hat immer die Endung -n (-en + n = -en: den Menschen, Frauen)

Ausnahmen
1. **kein -n im Dativ Plural** haben alle Nomen mit -s im Plural, z. B.:
   die Autos, die Büros, die Kinos, die Cafés, die Restaurants, die Hotels
   den Autos, den Büros, den Kinos, den Cafés, den Restaurants, den Hotels

* der Herr, den Herrn, dem Herrn, des Herrn – die Herren usw, (s. S. 29)

2. -(e)n im Plural, aber -(e)s im Genitiv Singular haben z. B.:

Sing. Nom.: der Vetter   der See   der Staat   der Doktor*
     Gen.: des Vetters   des Sees   des Staates   des Doktors
Plur. Nom.: die Vettern   die Seen   die Staaten   die Doktoren

3. -(e)n im Plural und im Akk. und Dat. Singular, **-ens im Genitiv Sing.** haben:

Sing. Nom.: der Name   der Gedanke
     Gen.: des Namens   des Gedankens
Plur. Nom.: die Namen   die Gedanken

4. Besondere Pluralformen, z. B.: der Kaufmann, die **Kaufleute**

Übung 1   *Bilden Sie Sätze!*

1. Ich habe gestern *einen Studenten* getroffen: Professor – Polizist – Bauer – Grieche – Tourist – Herr – Franzose und Amerikaner – Arzt – Kollege

2. Ich kenne *viele Lehrer*: Professor – Arzt – Tourist – Kaufmann – Polizist – Student – Mensch – Bauer – Grieche – Franzose – Amerikaner

3. Ich habe *dem Gast* ein Glas Wein angeboten: Professor – Briefträger – Franzose – Student – Frau – Tourist – Herr – Arzt – Bauer

4. Er hat mit *den Kindern* gesprochen: Polizist – Tourist – Bauer – Student – Studentin – Grieche – Kellner – Herr – Arzt – Frau – Amerikanerin

5. Er fragte *einen Freund*, aber er mußte lange auf die Antwort *des Freundes* warten: Bauer – Amerikaner – Student – Schülerin – Tourist – Herr – Wirt – Grieche – Arzt – Professor – sein Vetter – sein Onkel – seine Tante

6. Die Reporter wollten die Meinung *der Kaufleute* wissen: Student – Studentin – Professor – Arzt – Bauer – Ausländer – Lehrer – Schüler

Übung 2   *Antworten Sie mit* nein!

> Mit wem hat er gerade gesprochen? Mit einem Professor? (Student) – Nein, mit einem Studenten.

1. Von wem hat sich Inge verabschiedet? Von ihrem Bruder? (Kollege)   **2.** Wer hat das Bier bezahlt? Du? (ein Kollege)   **3.** Mit wem hast du dich verabredet? Mit einem Amerikaner? (Franzose)   **4.** Mit wem habt ihr euch unterhalten? Mit einem Schauspieler? (Student)   **5.** War das ein Italiener? (Grieche)   **6.** Habt ihr viele Leute gesehen? (kein Mensch)   **7.** Wen hast du nach dem Weg gefragt? Einen Briefträger? (Polizist)

---

* alle Nomen mit der Endung –or : der Professor, die Professoren

Imperativ

Denk an deine Frau – fahr vorsichtig!   *Nimm* dir Zeit und nicht das Leben!
Helft den Blinden!   *Seid* nett zueinander!
    Fahr mit der Bahn!

Infinitiv	du	ihr	Sie
1. trinken	trink(e)!	trinkt!	trinken Sie!
arbeiten	arbeite!	arbeitet!	arbeiten Sie!
mitbringen	bring(e) ..... mit!	bringt ..... mit!	bringen Sie ..... mit!
sich kämmen	kämm(e) dich!	kämmt euch!	kämmen Sie sich!
2. entschuldigen	entschuldige!	entschuldigt!	entschuldigen Sie!
zeichnen	zeichne!	zeichnet!	zeichnen Sie!
3. essen (du ißt)	iß!	eßt!	essen Sie!
fahren (du fährst)	fahr(e)!	fahrt!	fahren Sie!
4. sein	sei!	seid!	seien Sie!

du-Form: 1. meist gleich **Infinitivform ohne -n oder -en:** sagen – **sag(e)!**
2. manchmal muß das -e- stehenbleiben: zeichnen – **zeichne!**
3. Einige Verben ändern den Stammvokal -e- im Präsens in -i-; dann
ist der Imperativ wie die **du-Form ohne -st:** du hilfst – **hilf!**
Aber: fahren, du fährst – fahr(e)!
4. Der Imperativ von **sein** ist unregelmäßig: **sei!** – **seid!** – **seien Sie!**

ihr-Form: ist wie die Verbform ohne Personalpronomen: ihr geht – **geht!**

Sie-Form: Das Personalpronomen steht hinter dem Verb: Sie gehen – **gehen Sie!**

Übung 3   *Bilden Sie die Imperativform für* du *und* ihr*!*

1. Bringen Sie mir das Buch! **2.** Trinken Sie viel Milch! **3.** Kommen Sie nicht zu spät! **4.** Rauchen Sie nicht soviel! **5.** Essen Sie immer viel Obst! **6.** Bitte setzen Sie sich! **7.** Freuen Sie sich nicht zu früh! **8.** Grüßen Sie bitte Ihre Mutter von mir! **9.** Fahren Sie nicht so schnell! **10.** Nehmen Sie doch Platz! **11.** Bleiben Sie doch noch bei uns! **12.** Seien Sie doch nicht so nervös! **13.** Werfen Sie bitte den Brief sofort ein! **14.** Zeichnen Sie ein Haus! **15.** Bitte entschuldigen Sie! **16.** Rechnen Sie das bitte noch einmal!

hin *und* **her***

Wohin gehen Sie? – Dort steht unser Bus. Wir laufen schnell *hin.*
Es klopft an der Tür. Ich sage: „*Herein!* Kommen Sie *herein! Woher* kommen Sie?"
Das Auto *fuhr* neben dem Zug *her.* – Das Kind *zog* den Wagen hinter sich *her.*

hin bezeichnet die Richtung vom Sprecher oder Beobachter weg.
her bezeichnet die Richtung zum Sprecher oder Beobachter – oder
  eine Bewegung in gleicher Richtung mit einer anderen Bewegung.

Übung 4 *Ergänzen Sie hin oder her!*

1. Flugplatz Frankfurt; zwei Herren treffen sich:
Wo fliegen Sie denn heute . . . . . ?
Nach Hamburg. Ich muß jeden Monat einmal . . . . . fliegen.
Da komme ich gerade . . . . . . Ich will jetzt nach Zürich.
Da . . . . . muß ich in drei Wochen auch.

2. Ein Autofahrer fragt einen anderen:
Bitte, wo ist denn die Königsstraße? Wie komme ich denn da . . . . . ?
Fahren Sie einfach hinter mir . . . . . ! Ich fahre gerade da . . . . . .
Die beiden Autos fahren hintereinander . . . . . bis zur Königsstraße.

3. Fritz und Peter gehen zum Baden. Sie fahren an einen See. Fritz springt zuerst . . . .-
ein. „Komm . . . . . ein, Peter!" ruft er, „das Wasser ist nicht kalt." Nach einer halben
Stunde kommen die beiden wieder . . . . . aus. Fritz hat Äpfel in seiner Tasche, die holt
er jetzt . . . . . aus. „Gib . . . . . !" sagt Robert, „ich bin sehr hungrig."

Das Personalpronomen „es"

Es war gerade Mittagszeit. *Es war* zwölf Uhr. – *Es* klingelt. „Wer ist *es*?" – „Ich *bin's*
(bin es)!" – So, du *bist es!* Komm herein!"
In Österreich *gibt es* viele Berge und Seen. – Heute Mittag *gibt es* Fisch.
Wie *geht es* Ihrer Frau? – Danke, *es geht* ihr gut.
Wie *gefällt es* Ihnen hier? – *Es gefällt* mir recht gut.
Ein Gewitter kommt. *Es regnet; es blitzt* und *donnert.*

---

* Die Formen **rauf, rein** usw. gebraucht man in der Umgangssprache für **hinauf, hinein** usw.

Einige Verben haben das Subjekt **es**. Dieses Subjekt ist **unpersönlich**, d. h. es ist **unbestimmt** und **unbekannt**.

es ist	steht zusammen mit einem Nomen im **Nominativ**.
es gibt	hat immer ein **Akkusativobjekt**.
es geht **es gefällt**	die beiden Verben haben ein **Dativobjekt**.

Übung 5 *Bitte ergänzen Sie den Antwortsatz!*

1. Geht es Ihren Kindern wieder gut? – Danke, jetzt . . . . . 2. Es gefällt Ihnen doch bei uns? – Aber natürlich . . . . . 3. Wer ist da? Peter, bist du's? – Ja, ... 4. Wer hat die Tür zugeschlossen? Warst du's? Nein, ich . . . . . 5. Gibt es heute abend einen Film im Fernsehen? – Ja, heute . . . . . 6. Wer hat geklingelt? Waren es die Kinder? – Ja, sie . . . . .

Auf dem Postamt

Herr Moll möchte ein Telegramm aufgeben.

Herr Moll: Ich möchte ein Telegramm aufgeben. Das ist doch der Schalter?

Beamtin: Ja. – Haben Sie das Formular schon ausgefüllt?

Herr Moll: Ja, hier bitte!

Beamtin: Sie haben aber sehr undeutlich geschrieben, und die Unterschrift kann ich überhaupt nicht lesen. Die Adresse müssen Sie besonders deutlich schreiben. Und hier fehlt noch der Absender.

Herr Moll: Entschuldigen Sie, ich schreibe es nochmal. – Ist es nun gut so?

Beamtin: Ja. – Das sind zehn Wörter. 5 Mark bitte!

Herr Moll: Wie lange braucht ein Telegramm nach Hamburg?

Beamtin: Von hier nach Hamburg – ungefähr zwei Stunden.

Herr Moll: Danke! – Kann ich hier auch Geld auf mein Postsparbuch einzahlen?

Beamtin: Nein, Einzahlungen am Schalter 4.

Herr Moll: Ich möchte 200 Mark auf mein Postsparkonto einzahlen. Hier ist mein Buch und der Einzahlungsschein.

Beamtin: 100, 150, 200 Mark. – Einen Augenblick bitte! – Hier ist Ihr Buch zurück.

Herr Moll: Kann ich den Brief in die USA bei Ihnen aufgeben? Luftpost bitte!

Beamtin: Der wiegt 18 Gramm, 1.80. – Hier fehlt noch die Postleitzahl.

Herr Moll: Richtig, die habe ich vergessen. – Und bitte noch zehn Briefmarken zu vierzig und zwanzig zu fünfzig.

Beamtin: Vierzehn Mark. Den Brief werfen Sie bitte dort in den Kasten!
Herr Moll: Entschuldigung, noch eine Frage! Muß man einen Brief nach Frankreich mit Auslandsporto frankieren?
Beamtin: Nein, Frankreich gehört zur EG, da brauchen Sie nur Inlandsporto.

I a).	scheinen	schien	geschienen
II a).	wiegen	wog	gewogen
IV b).	werfen (er wirft)	warf	geworfen
V b).	vergessen (er vergißt)	vergaß	vergessen

brauchen: Es regnet. Ich *brauche* einen Regenschirm.
Das Telegramm *braucht* zwei Stunden.
Zu dieser Arbeit *brauche* ich sicher ein paar Tage.

gehören: Wem *gehört* das Buch? – Es ist mein Buch, es *gehört* mir.
In der EG sind neun Staaten; die Bundesrepublik *gehört* zur EG.

die EG = die Europäische Gemeinschaft
schreiben – die Schrift – die Unterschrift – die Überschrift

Übung 6 *Ergänzen Sie bitte!*

Staat: **1.** Frankreich ist ein . . . . . **2.** In Europa gibt es viele . . . . . **3.** Die Bundesrepublik Deutschland und die Deutsche Demokratische Republik sind zwei . . . . . **4.** Ist der Straßenbau eine Aufgabe des . . . . .?

Name: **5.** Mein Name ist Schulz. Bitte sagen Sie mir Ihren . . . . . **6.** Ich möchte zu Herrn Müller. Ein Herr mit dies- . . . . . wohnt nicht in unserem Hotel. **7.** Der Professor kennt die . . . . . seiner Studenten noch nicht.

Übung 7

Was ist ‚das Wochenende‘? – Das Wochenende ist das Ende einer Woche.

1. Eine Autotür ist . . . . . **2.** Ein Bauernhaus ist . . . . . **3.** Die Jahreszeiten sind . . . . . **4.** Eine Manteltasche ist . . . . . **5.** Die Universitätsbibliothek ist . . . . .

Was ist ein Schlafzimmer? – Ein Schlafzimmer ist ein Zimmer zum Schlafen.

6. Ein Wohnzimmer ist . . . . . **7.** Eine Einkaufstasche ist . . . . . **8.** Ein Lesebuch ist . . . . . **9.** Schreibpapier ist . . . . . **10.** Ein Arbeitszimmer ist . . . . . **11.** Trinkwasser ist . . . . .

> Was ist eine Gaststube? – Eine Gaststube ist eine Stube für Gäste.

12. Ein Studentenzimmer ist . . . . .   **13.** Ein Weinglas ist . . . . .   **14.** Eine Kaffeetasse ist . . . . .   **15.** Ein Wintermantel ist . . . . .   **16.** Ein Kindermantel ist . . . . .
17. Ein Wochenendhaus ist . . . . .

> Was ist Kartoffelsalat? – Kartoffelsalat ist ein Salat aus Kartoffeln.

18. Eine Papierserviette ist . . . . .   **19.** Gemüsesalat ist . . . . .   **20.** Ein Schokoladenei ist . . . . . .

Übung 8   *Verb und Nomen*

> Das Kind *fragt* den Lehrer. Der antwortet auf die *Frage* des Kindes.

1. Der Franzose *zeichnet* einen Pilz. . . . . . war sehr undeutlich.   **2.** Der Student ist durch Europa *gereist*. . . . . . dauerte vier Wochen.   **3.** Peter *rechnete* lange; aber . . . . . war richtig.   **4.** Mein Vetter hat mich *eingeladen*. . . . . . hat mich sehr gefreut.   **5.** Ein Bauer *arbeitet* viel. . . . . . ist schwer.   **6.** Der Professor *rief* um 6 Uhr *an*. Ich habe auf den . . . . . gewartet.   **7.** Was *meinen* die Leute? Der Reporter will . . . . . wissen.
8. Der Arzt hat etwas *geschrieben*, aber ich kann . . . . . nicht lesen.

Übung 9   *Verben mit Präpositionen*

1. Ich danke Ihnen für Ihre Einladung: Ihr Besuch,– Ihr Brief, – Ihre Blumen, – Ihr Geschenk, – Ihr Geld, – Ihre Postkarte

2. Er wartet auf seinen Freund: Inge – sein Bruder – sein Vetter – das Mädchen – der Professor – der Student – ein Tourist

3. Darf ich Sie zu einem Eis einladen?: eine Tasse Kaffee – ein Glas Wein – das Mittagessen – meine Party – eine Fahrt in die Berge

4. Darf ich Sie ins Kino einladen?: das Theater – das Café – eine Weinstube – meine Wohnung – das Gasthaus Altschwabing

5. Ich bitte Sie um Hilfe: Entschuldigung – Geld – eine Quittung – Ihre Unterschrift

6. Wir freuen uns auf morgen abend: Weihnachten – das Wochenende – der Urlaub – der Sommer

7. Ich habe mich sehr über die Karte gefreut: der Brief – euer Besuch – die Blumen – das Geschenk – deine Einladung

Übung 10   *Antworten Sie mit* nein*! (Pronomen)*

> Hat er sich das Buch gekauft? – Nein, er hat es sich *nicht* gekauft.

1. Hat er sich die Äpfel genommen?   **2.** Haben Sie sich die Briefmarken geholt?
3. Hat Fritz sich die Hände gewaschen?   **4.** Hat er sich die Stadt angesehen?   **5.** Haben
Sie mir die Zeitung mitgebracht?   **6.** Hat Georg der Frau das Geld gestohlen?
7. Haben Sie Frau Becker die Blumen geschenkt?

> Haben Sie sich mit Herrn Müller unterhalten? – Nein, ich habe mich *nicht* mit
> ihm unterhalten.

8. Haben Sie sich von Peter verabschiedet?   **9.** Hat sich Peter mit Inge verabredet?
10. Hat Gisela Peter nett gefunden?   **11.** Ist Ihnen heute das Aufstehen schwer gefallen?   **12.** Hat der Grieche mit dem Amerikaner gesprochen?   **13.** Hast du den Professor zu dir nach Hause eingeladen?

Übung 11   *Fragen zu den Texten*

1. Wer hat einmal eine Reise gemacht?   **2.** Hat der Tourist nur die Städte besucht?
3. Ist er nur auf Hauptstraßen gefahren?   **4.** Was wollte er kennenlernen?   **5.** Was
hat er unterwegs alles gesehen?   **6.** Wie war das Wetter zuerst? – und später?   **7.** Was
hat der Franzose bei dem Gewitter gemacht?   **8.** Wieviel Uhr war es ungefähr?   **9.** Er
hatte doch Hunger. Warum hat er sich nichts bestellt?   **10.** Was hat er dann gemacht?
11. Hat der Wirt die Zeichnung richtig verstanden?   **12.** Was hat Herr Moll alles auf
der Post gemacht? (Zuerst . . . . . ; dann . . . . . ; dann . . . . .)   **13.** Wie gibt man ein
Telegramm auf?   **14.** Was kostet ein Brief in die USA?   **15.** Warum kostet ein Brief
nach Frankreich Inlandsporto?

Auf dem Flughafen

Ich fliege sehr gern, Sie auch?
Nun ja, manchmal ist das Fliegen auch nicht so angenehm.
Manchmal ist es neblig, und dann kann man wegen des Nebels nicht abfliegen, oder man muß beim Umsteigen lange auf den Weiterflug warten.

Manche Leute regen sich darüber auf. Ich setze mich während der Wartezeit auf eine Bank und lese einen Krimi. So vergeht die Zeit.
Der Detektiv hat den Dieb gerade gefunden, da kommt schon eine Durchsage. Ich verstehe sie nicht gut, aber die Leute neben mir eilen zum Flugsteig, und ich mit ihnen.

Erich will Robert vom Flugplatz abholen. Er ruft bei der Lufthansa an:
„Kommt die LH 278 aus London heute pünktlich?"
„Nein, sie hat leider Verspätung.
Statt um 15.30 kommt sie erst gegen 17 Uhr an."

Trotz dieser Auskunft fährt Erich gleich zum Flughafen. Vielleicht kommt die Maschine doch schon etwas früher. Aber nein, erst um halb sechs hört er die Durchsage:
„LH 278 aus London ist soeben gelandet."
Schnell geht er zum Zollausgang, und da kommt Robert auch schon.
Robert ist jetzt also in Frankfurt. Er muß nun bald nach Hause schreiben, sonst machen sich seine Eltern Sorgen um ihn.

Eine Flugreise

Frankfurt, den 30.7.75

Liebe Eltern!

Sicher habt Ihr meine Karte bekommen und macht Euch keine Sorgen mehr
um mich. Der Flug war diesmal leider nicht so angenehm wie sonst. In
London war es ziemlich neblig. Wir konnten zwar landen, mußten aber
wegen des Nebels viele Stunden auf den Weiterflug warten.

Den anderen Fluglinien ging es natürlich ebenso. Es waren sehr viele
Menschen in den Warteräumen. Trotz der Verspätungen sind aber alle
Leute ruhig geblieben, und niemand hat sich aufgeregt. Darüber habe ich
mich gewundert, denn ich war sehr nervös. Ich mußte immer an Erich
denken; er wollte mich doch in Frankfurt abholen.

Zuerst bin ich hin- und hergelaufen, dann habe ich mich hingesetzt und
habe gelesen - zum Glück hatte ich einen Krimi dabei. Ich habe sicher
zwei Stunden auf einer Bank gesessen und mir immer wieder gesagt: Reg
dich wegen der Verspätung nicht auf, du kannst doch nichts daran
ändern! Dann hat uns die Fluggesellschaft zum Abendessen eingeladen.
Aber während des Essens kam eine Durchsage: Bitte zum Abflug unserer
Maschine auf Flugsteig A 56!

Und dann sind wir endlich abgeflogen. Um 21 Uhr - statt um 14 Uhr - ist
unsere Maschine in Frankfurt gelandet. Die Abfertigung hat nicht sehr
lange gedauert. Ich bin auch ziemlich schnell durch den Zoll gekommen.
Und wer stand am Zollausgang? - Erich! Er hat wirklich so lange auf
mich gewartet. Alle Aufregung war umsonst.

Zum Schluß habe ich noch eine Bitte an Euch. Ich habe mein Wörterbuch
vergessen. Könnt Ihr es mir schicken? Es hat früher immer im Regal gestanden. Vor der Abreise habe ich es in den Bücherschrank gestellt.

Für heute alles Gute und viele Grüße

von Eurem *Robert*

Robert und Erich kaufen ein

Robert und Erich wollen zusammen zu Abend essen. Sie gehen in ein Selbstbedienungsgeschäft und kaufen ein.

Robert: Brauchen wir Brot?
Erich: Ja, ich habe keins mehr zu Hause.
Robert: Nehmen wir zwei Flaschen Milch?
Erich: Eine ist genug. Ich trinke Bier.
Robert: Zwei Flaschen Bier, reicht das?
Erich: Ja. Käse brauchen wir noch.
Hier liegt welcher.
Robert: Für mich nicht, ich esse keinen.
Und Butter?
Erich: Ich glaube, wir haben noch welche, die reicht für heute. Nehmen wir etwas von diesem Schinken, 2,20 ein viertel Pfund, das ist nicht teuer. Und Eier. Bitte hol doch dort welche!
Robert: Hier, und jetzt noch Salat.
Erich: Ich habe schon welchen in den Korb gelegt.
Robert: So, und was brauchen wir noch? Essig, Öl, Salz?
Erich: Nein, das haben wir doch zu Hause. Vielleicht noch ein paar Tomaten?
Robert: Ja, aber dann Schluß für heute, sonst reicht uns das Geld nicht!

---

fliegen – flog – ist ..... geflogen (IIa)
landen – landete – ist ..... gelandet
laufen – lief – ist ..... gelaufen (VIId)

durchsagen – die Durchsage
sich aufregen – die Aufregung
neblig – der Nebel

fliegen – abfliegen – der Flug – die Fluggesellschaft – die Fluglinie – der Flugplatz – der Flugsteig (4/1) – das Flugzeug – der Abflug

Wer hat sich aufgeregt? – *Niemand* hat sich aufgeregt.
Was ist ihm recht? – *Nichts* ist ihm recht.

Er kommt nicht um 6 Uhr, sondern erst um 7 Uhr (schon um 5 Uhr) an.
Wir konnten *zwar* landen, mußten *aber* auf den Weiterflug warten.

Präpositionen mit dem Genitiv

statt: Ich bat meinen Vater um Geld. Er schickte mir aber nur einen Brief. – Er hat mir *statt des Geldes* nur einen Brief geschickt.
Wir hatten Verspätung. *Statt um 14 Uhr* kamen wir erst um 21 Uhr an.
trotz: Es war sehr neblig, aber wir konnten *trotz des Nebels* landen.
während (temporal): *Während des Essens* kam eine Durchsage.
wegen: Es war sehr neblig. *Wegen des Nebels* konnte die Maschine nicht landen.

statt – trotz – während – wegen immer mit dem Genitiv
Nach **statt** kann auch noch eine andere Präposition stehen.

Übung 1

(keine Birnen, sondern Äpfel) Ich habe *statt* der Birnen Äpfel gekauft.

1. keine Blumen, sondern Schokolade: Ich habe Frau Braun ..... mitgebracht. **2.** nicht die Schuhe, sondern eine Tasche: Rita hat sich ..... gekauft. **3.** nicht ihre Nummer, sondern Giselas Nummer: Inge hat Peter ..... gegeben. **4.** nicht nach Hamburg, sondern nach Bremen: Hans ist ..... gefahren. **5.** nicht am Sonntag, sondern am Montag: Unser Gast ist ..... gekommen.

(Wir essen; in dieser Zeit rauchen wir nicht.) Während des Essens rauchen wir nicht.

6. Ich habe Urlaub. In dieser Zeit mache ich eine Reise. **7.** Ich habe mein Examen gemacht; in dieser Zeit habe ich wenig gegessen. **8.** Es ist Unterricht; in dieser Zeit arbeiten wir viel. **9.** Die Kinder haben Pause; in dieser Zeit essen sie ihr Frühstücksbrot. **10.** Wir fliegen; in dieser Zeit macht der Flugkapitän eine Durchsage.

Übung 2   wegen *oder* trotz?

Er hat zwei Koffer, deshalb nimmt er ein Taxi: *Wegen* der zwei Koffer nimmt .....
Er hat zwei Koffer, aber er nimmt kein Taxi: *Trotz* der zwei Koffer nimmt .....

1. Das Zimmer hat eine Heizung; es ist aber doch kalt – es ist sehr warm. **2.** Er macht bald Examen; deshalb bleibt er zu Hause – er macht doch eine Reise. **3.** Es war neblig; das Flugzeug konnte nicht landen – es konnte doch landen. **4.** Ich hatte Verspätung; Erich hat aber doch gewartet – er hat nicht gewartet. **5.** Ich habe mich aufgeregt; ich konnte doch schlafen – ich habe nicht geschlafen.

legen, liegen – stellen, stehen – setzen, sitzen – hängen – stecken
im Präteritum und Perfekt (s. S. 86)

Ich *legte* das Buch auf den Tisch.	Das Buch *lag* auf dem Tisch.
Ich *habe* es auf den Tisch *gelegt*.	Es *hat* auf dem Tisch *gelegen*.
Ich *stellte* das Buch in den Schrank.	Das Buch *stand* im Schrank.
Ich *habe* es in den Schrank *gestellt*.	Es *hat* im Schrank *gestanden*.
Ich *setzte* mich auf die Bank.	Ich *saß* auf der Bank.
Ich *habe* mich auf die Bank *gesetzt*.	Ich *habe* auf der Bank *gesessen*.
Ich *hängte* den Mantel an den Haken.	Der Mantel *hing* am Haken.
Ich *habe* ihn an den Haken gehängt.	Er *hat* am Haken *gehangen*.
Ich *steckte* den Schlüssel ins Schloß.	Der Schlüssel *steckte* im Schloß.
Ich *habe* ihn ins Schloß *gesteckt*.	Er *hat* im Schloß *gesteckt*.

Die Verben **legen, stellen, setzen** sind **schwach.**	legen	– legte	– gelegt
Die Verben **liegen, stehen, sitzen** sind **stark.**	liegen	– lag	– gelegen
	stehen	– stand	– gestanden
	sitzen	– saß	– gesessen
hängen ist **schwach** (Präp. mit Akk.) und **stark** (Präp. mit Dativ)	hängen	– hängte	– gehängt
	hängen	– hing	– gehangen
stecken ist immer **schwach**	stecken	– steckte	– gesteckt

Bewegung – Aktion (auf ein Ziel zu)		*keine Bewegung – Position*	
Die Präposition steht mit dem **Akkusativ.**	legen	Die Präposition steht mit dem **Dativ.**	liegen
	stellen		stehen
Das Verb ist **schwach.**	setzen	Das Verb ist **stark.** (*außer*	sitzen
	stecken		stecken)

Übung 3 *Bilden Sie Sätze im Perfekt!*

1. Ich stelle den Teller auf den Tisch; neben den Teller lege ich das Besteck. **2.** Er stellt sich auf einen Stuhl und hängt das Bild an die Wand. **3.** Der Sessel steht am Fenster; mein Vater sitzt gern in dem Sessel. **4.** Karl stellt einen Stuhl an den Tisch und setzt sich. **5.** Georg steckt immer die Hände in die Taschen. **6.** Der Schlüssel steckt nicht im Schloß; dann hängt er sicher am Haken neben der Tür. **7.** Ich bin müde, ich lege mich jetzt ins Bett.

Übung 4 *Bilden Sie Sätze im Imperfekt und im Perfekt!*

1. stellen *oder* stehen?: das Radio / neben dem Schrank – ich / die Vase auf den Tisch – viele Leute / an der Theaterkasse – wir / uns neben Karl

2. setzen *oder* sitzen?: die Mutter / sich neben das Kind – ich / gern am Fenster – er / sich auf die Bank – er / auf der Bank – Karl / neben mir

3. legen *oder* liegen?: die Mutter / das Kind ins Bett – er / drei Tage im Bett – die Wäsche / im Schrank – ich / die Servietten in den Schrank – er / auf der Couch

Übung 5

Das Besteck liegt auf dem Tisch. Ich habe es nicht auf den Tisch gelegt.

1. Die Blumen stehen in der Küche. **2.** Die Karten stecken in meiner Tasche. **3.** Das Besteck liegt im Wasser. **4.** Das Kind sitzt auf dem Boden. **5.** Mein Hut liegt im Bad. **6.** Die Milch steht in der Küche. **7.** Der Mantel liegt auf dem Stuhl. **8.** Das Bild hängt in der Diele. **9.** Der Schlüssel steckt im Schloß.

Verben mit Präpositionen

arbeiten für A	Der Mann *arbeitet für* seine Familie.
danken D für A.	Ich *danke* Ihnen *für* Ihre Hilfe.
bitten A um A	Er hat mich *um* eine Unterschrift *gebeten*.
sich Sorgen machen um A	Die Eltern *machen sich Sorgen um* ihren Sohn.
anfangen mit D	Wann will man *mit* dem Bau der Straße *anfangen*?
sich verabreden mit D	Peter hat *sich* heute *mit* seinem Freund *verabredet*.
sprechen (reden) mit D	Bitte, *reden* Sie doch einmal *mit* Herrn Müller!
telefonieren mit D	Gut, ich kann ja *mit* ihm *telefonieren*.
sich unterhalten mit D	Wir haben *uns mit* den Touristen *unterhalten*.
sprechen von D	Wir haben *vom* Wetter *gesprochen*.
sich verabschieden von D	Dann haben wir *uns von* ihnen *verabschiedet*.
grüßen A von D	Bitte *grüßen* Sie Ihre Frau *von* mir!
sich aufregen über A	Robert hat *sich über* die Verspätung *aufgeregt*.
sich wundern über A	Er hat *sich über* die Ruhe der Leute *gewundert*.
sich unterhalten über A	Gestern haben wir *uns über* dich *unterhalten*.
sich freuen über A	Ich *freue mich über* die Blumen.
sich freuen auf A	Ich *freue mich auf* den Urlaub.
warten auf A	Peter hat lange *auf* seine Freundin *gewartet*.
denken an A	Wir *denken* noch oft *an* unseren Besuch bei euch.

schreiben an A	Robert hat *an* seine Eltern *geschrieben*.
	(Er hat seinen Eltern einen Brief geschrieben.)
gratulieren D zu D	Ich *gratuliere* Ihnen *zum* Geburtstag.
gehören zu D	Frankreich *gehört zur* EG.
einladen A zu D	Ich möchte Sie *zu* unserer Party *einladen*.

Übung 6 *Ändern Sie die Nomen hinter den Präpositionen!*

1. Der Mann arbeitet für seine Prüfung. (seine Familie, sein Vater, sein Freund) **2.** Fangen wir mit der Arbeit an! (das Essen, das Frühstück, der Abschnitt 12) **3.** Er hat mir von seinem Land erzählt. (seine Eltern, seine Reisen, sein Haus) **4.** Frau Breuer bringt Schokolade mit. Die Kinder freuen sich über die Schokolade. (Buch, Kugelschreiber, Blumen, Geschenk, Obst, Korb, Äpfel) **5.** In drei Wochen beginnt unser Urlaub. Wir freuen uns auf den Urlaub. (die Reise, der Sommer, der Winter) **6.** Gisela hat sich mit ihrem Bruder unterhalten. (ihr Vetter, Professor, Herr Müller, Kaufmann, Bauer, Tourist, Polizist, ihre Eltern, ihre Freunde, ihr Kollege) **7.** Fritz hat seinen Freund um Geld gebeten. (eine Unterschrift, das Buch, die Zeitung von gestern, ein Bleistift, sein Wagen, eine Auskunft) **8.** Erich verabschiedet sich von seinem Vater. (seine Eltern, seine Freunde, Professor, Fräulein an der Kasse, Herr Braun, Tourist, seine Freundin)

Präposition mit Pronomen

Bei wem wohnt Rita? *Bei ihrer Tante?* – Ja, sie wohnt *bei ihr.*
Von wem sprichst du? *Von deinen Freunden?* – Ja, ich spreche *von ihnen.*

> Bei **Personen** in der Frage: **Präposition und Fragepronomen**
>   in der Antwort: **Präposition und Personalpronomen**

Übung 7

> Er schreibt an seine Eltern. – An wen schreibt er? An seine Eltern? –
> Ja, er schreibt an sie.

1. Richard arbeitet mit seinem Freund. **2.** Wir warten auf die Touristen. **3.** Der Reporter spricht mit dem Flugkapitän. **4.** Der Mann denkt nicht an seine Familie. **5.** Peter hat sich von Gisela verabschiedet. **6.** Heute habe ich mich über meinen Professor aufgeregt. **7.** Die Eltern gehören zu ihren Kindern. **8.** Wir machen uns Sorgen um Fritz.

Präposition mit Pronominaladverb

Worauf wartet Frau Becker? *Auf das Essen?* – Ja, sie wartet *darauf.*
Worüber freuen Sie sich? *Über Roberts Brief?* – Ja, ich freue mich *darüber.*
Wovon spricht Herr Breuer? *Von seiner Reise?* – Ja, er spricht *davon.*

Bei **Sachen und Begriffen** in der Frage: „wo" und Präposition
in der Antwort: „da" und Präposition
Zwischen zwei Vokalen steht immer ein **-r-**:
wo + auf → worauf   da + auf → darauf

Personen:		Sachen:	
Frage	*Antwort*	*Frage*	*Antwort*
bei wem?	bei ihm (ihr, Ihnen)	wobei	dabei
an wen?	an ihn (es, sie)	woran	daran

Übung 8   *Fragen Sie nach den Nomen bei den Präpositionen!*

Der Mann arbeitet für seine Prüfung. Wofür arbeitet er? – Er arbeitet für seine
Familie. Für wen arbeitet er?

1. Der Mann arbeitet für seine Prüfung. (seine Familie, sein Vater, sein Freund) **2.** Fangen wir mit der Arbeit an! (das Essen, das Frühstück, der Abschnitt 12) **3.** Er hat mir von seinem Land erzählt. (seine Eltern, seine Reisen, sein Haus) **4.** Frau Breuer bringt Schokolade mit. Die Kinder freuen sich über die Schokolade. (Buch, Kugelschreiber, Blumen, Geschenk, Obst, Korb, Äpfel) **5.** In drei Wochen beginnt unser Urlaub. Wir freuen uns auf den Urlaub. (die Reise, der Sommer, der Winter) **6.** Gisela hat sich mit ihrem Bruder unterhalten. (ihr Vetter, Professor, Herr Müller, Kaufmann, Bauer, Tourist, Polizist, ihre Eltern, ihre Freunde, ihr Kollege) **7.** Fritz hat seinen Freund um Geld gebeten. (eine Unterschrift, das Buch, die Zeitung von gestern, ein Bleistift, sein Wagen, eine Auskunft) **8.** Erich verabschiedet sich von seinem Vater. (seine Eltern, seine Freunde, Professor, Fräulein an der Kasse, Herr Braun, Tourist, seine Freundin)

Frageadverbien

Das Bild hängt *an der Wand.* – *Wo* hängt es? – Es hängt *dort (hier, da).*
Ich lege das Kleid *in den Koffer.* – *Wohin* lege ich es? – Ich lege es *hinein.*
Er kommt aus Paris. – *Woher* kommt er? *Aus Paris?* – Ja, er kommt *von dort.*

Übung 9 *Fragen Sie nach den Nomen hinter den Präpositionen!*

1. Robert kommt aus Amerika. **2.** Er fliegt nach Frankfurt. **3.** In London muß er lange warten. **4.** Er setzt sich in den Warteraum. **5.** Dann sitzt er wieder im Flugzeug. **6.** Er sieht seinen Freund beim Zollausgang. **7.** Der wartet auf Robert. **8.** Robert denkt an den Nebel. **9.** Er hat sich über die Verspätung aufgeregt. **10.** Aber jetzt ist er bei seinem Freund. **11.** Herr Moll ist im Postamt. **12.** Er geht zu einem Schalter. **13.** Er bittet den Beamten um Auskunft. **14.** Er schickt einen Brief nach Frankreich. **15.** Frankreich gehört zur EG. **16.** Deshalb muß er für den Brief nur Inlandsporto bezahlen. **17.** Die Briefmarken bekommt er am Schalter 4.

Unbestimmte Pronomen

1. Sehen Sie hier *einen* Schaffner? – Ja, da drüben steht *einer*.
   Haben Sie hier Kinder gesehen? – Nein, hier waren *keine*.

   Ich brauche noch *einen* Apfel. Hol mir doch bitte *einen*!
   Käse gibt es dort. – Danke, ich esse *keinen*.

   Ich suche noch *ein* Heft. – Da liegt doch *eins*.
   Ich kaufe noch Brot. Ich habe *keins* mehr.

2. Schinken brauchen wir noch. Da drüben liegt *welcher*.
   Hast du auch an Tomaten gedacht? – Ja, ich habe *welche* in den Korb gelegt.

Die unbestimmten Pronomen ,ein' (,kein') und ,welch-'

ein- oder kein-

	Singular			Plural
	ein Teller	ein Messer	eine Gabel	keine Teller (usw.)
Nom.:	einer (der)	eins (das)	eine (die)	keine (die)
Akk.:	einen (den)	eins (das)	eine (die)	keine (die)
Dat.:	einem (dem)	einem (dem)	einer (der)	keinen (den)

welch-

	(der) Käse	(das) Geld	(die) Butter	Männer
Nom.:	welcher	welches	welche	welche
Akk.:	welchen	welches	welche	welche
Dat.:	welchem	welchem	welcher	welchen

Die unbestimmten Pronomen **ein, kein, welch-** haben die gleiche Endung wie der Artikel **(der, das, die).**

Übung 10 *Antworten Sie mit Pronomen! (Antworten Sie mit* ja *oder* nein*!)*

> Haben Sie das Buch gefunden? – Ja, ich habe es gefunden. (Nein, ich habe . . . . .)
> Haben Sie einen Bleistift gefunden? – Ja, ich habe einen gefunden. (Nein, ich habe . . . . .)

1. Haben Sie die Eier gekauft? **2.** Haben Sie auch Äpfel gekauft? **3.** Ist hier ein Obstgeschäft? **4.** Ist hier in der Nähe ein Postamt? **5.** Brauchen wir noch Briefmarken? **6.** Haben Sie einen Brief für mich? **7.** Haben Sie das Telegramm aufgegeben? **8.** Trinken Sie noch ein Bier? **9.** Nehmen Sie noch ein Stück Kuchen?

Wortstellung (Nomen und Pronomen)

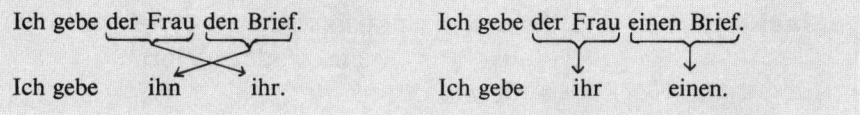

Ich gebe der Frau den Brief.   Ich gebe der Frau einen Brief.

Ich gebe ihn ihr.   Ich gebe ihr einen.

Übung 11 *Antworten Sie mit Pronomen! (Antworten Sie mit* ja *oder* nein*!)*

1. Hat Robert seinen Eltern eine Karte geschickt? **2.** Hat der Polizist den Touristen den Weg erklärt? **3.** Hat Herr Meier seinem Sohn eine Uhr geschenkt? **4.** Haben Sie dem Wirt das Geld gegeben? **5.** Haben Sie ihm eine Zigarette angeboten? **6.** Haben Sie dem Studenten das Buch gegeben? **7.** Haben Sie den Studenten Bücher gegeben? **8.** Bringt Frau Braun ihrem Mann das Essen? **9.** Bringt sie ihm auch eine Tasse Kaffee? **10.** Möchte er auch ein Stück Kuchen? **11.** Hat Frau Braun überhaupt Kuchen? **12.** Hat die Mutter den Kindern Äpfel mitgegeben? **13.** Hat sich Herr Moll Briefmarken gekauft? **14.** Hat er sich auf der Post Geld geholt? **15.** Hat er seiner Frau einen Brief geschrieben? **16.** Hat er ihr Geld geschickt?

Winterschluß-Verkauf

Preise bis zu 50% herabgesetzt!

KAUFHAUS BAUMANN & CO

Spezialhaus für Damen- und Herrenbekleidung

Wintermäntel	prima Qualität, mit und ohne Pelz. Braun, blau oder schwarz – ganz gefüttert
Regenmäntel	in vielen Farben – mit und ohne Futter
Herrenanzüge	auch mit zwei Hosen
Kostüme	elegant oder sportlich – für jede Figur
Hosenanzüge	in allen Modefarben – pflegeleicht – bis Größe 46
Damenkleider	fürs Haus – fürs Büro – für den Abend in Wolle, Seide und Kunstfaser
Jacken	besonders praktisch zum Autofahren dunkelgrün, weinrot oder hellgrau – einfarbig oder kariert
Hosen	für Damen und Herren – alle Größen und viele Farben
Blusen und **Pullover**	in großer Auswahl

Modern – preiswert – praktisch

**Ihr Besuch lohnt sich! Kommen Sie zu uns!
Preise wie noch nie!**

Übung 12 *Fragen Sie nach den Nomen bei den Präpositionen!*

1. Das Bild hängt an der Wand. – Ich denke oft an dich. – Hoffentlich hat er an die Kinokarten gedacht. **2.** Dieser Käse kommt aus Griechenland. – Er ist aus Schafsmilch. **3.** Wir hängen die Lampe über den Tisch. – Die Studenten haben über ihren Professor gesprochen. – Er hat sich über die Ruhe der Leute gewundert. **4.** Die Eltern machen sich Sorgen um Robert. – Er hat schon wieder um Geld gebeten. **5.** Peter wartet auf Inge. – Die Leute warten auf den Abflug der Maschine. – Der Mann wartet auf der Straße. **6.** Die Studenten wohnen bei Familie Krüger. – Die Rechnung liegt bei den Briefen.

Übung 13

> Du möchtest ein Kleid? Dann kauf dir doch eins!

1. Du möchtest einen Schirm? **2.** Du möchtest einen Füller? **3.** Du möchtest Obst? **4.** Du trinkst gern Milch? **5.** Du ißt gern Schokolade? **6.** Du brauchst einen Mantel? **7.** Du rauchst gern Zigaretten? **8.** Du hast gern Blumen?

> Sie wollen Zigaretten. Wir haben leider keine mehr.

9. Sie wollen einen Hosenanzug. **10.** Sie wollen einen Wintermantel. **11.** Sie wollen Milch. **12.** Sie wollen Käse. **13.** Sie wollen eine Zeitung. **14.** Sie wollen noch Kuchen.

> Haben Sie die zwei Männer gesehen? – Nein, ich habe sie nicht gesehen.
> Haben Sie hier Leute gesehen?   – Nein, ich habe keine gesehen.

15. Haben Sie meinen Freund gesehen? **16.** Haben Sie eine Frau gesehen? **17.** Haben Sie die Frau des Professors gesehen? **18.** Haben Sie ein Haus für den Professor gemietet? **19.** Haben Sie einen Polizisten gefragt? **20.** Haben Sie dem Mann Geld gegeben? **21.** Haben Sie viel Zeit gehabt?

Übung 14 *Fragen zu den Texten*

1. Robert ist nach Frankfurt geflogen. War seine Reise schön? **2.** Wie war das Wetter? **3.** Konnte die Maschine in London landen und dann weiterfliegen? **4.** Was hat Robert während des Aufenthalts in London gemacht? **5.** Konnte er in Ruhe zu Abend essen? **6.** Warum war er so nervös? **7.** Wieviel Verspätung hat Robert denn gehabt? **8.** Was hat Erich gemacht? Ist er nach Hause gefahren? **9.** Was möchte Robert von seinen Eltern haben? **10.** Können Sie das leicht finden? **11.** Sind Sie schon geflogen? Erzählen Sie von Ihrer Flugreise!

Kleines Städte-Quiz

Sie sehen hier die Bilder von vier bundesdeutschen Städten. Können Sie sie erkennen?

1. Auf dem ersten Bild sehen Sie ein süddeutsches Kulturzentrum. Die Stadt hat viele Baudenkmäler, darunter ein schönes Schloß und eine große Kirche mit zwei merkwürdigen Türmen. Sie liegt an einem Fluß. An der Universität dieser Stadt und an ihren wissenschaftlichen Instituten studieren viele Ausländer; denn es gefällt ihnen in dieser „Weltstadt mit Herz".

2. Die Stadt auf dem zweiten Bild liegt in der Mitte der Bundesrepublik. Ihre günstige Lage hat sie zu einem Wirtschaftszentrum gemacht. Ein Sohn dieser Stadt ist ein weltberühmter Dichter. Sein Geburtshaus ist heute ein bekanntes Museum. Auch diese Stadt liegt an einem Fluß. Von seinen Brücken hat man einen schönen Blick auf den alten Dom und die moderne Stadt. In jedem Jahr findet dort eine internationale Buchmesse statt.

3. Die dritte Stadt ist sehr alt; sie liegt an einem sehr großen Fluß. (Es gibt viele Lieder über ihn.) Die Stadt ist auch bekannt durch ihren Dom; viele Jahrhunderte hat man daran gebaut. Trotz des alten Doms und der vielen Kirchen aus dem Mittelalter ist die Stadt heute sehr modern. Nur den Karneval feiert man noch wie früher. Ein besonderes Wasser trägt den Namen der Stadt.

4. Die letzte Stadt liegt auch an einem bekannten Fluß, nicht weit von seiner Mündung in die Nordsee. Sie ist ein wichtiger Handelsplatz. Ihr Hafen ist 16 Kilometer lang. Schiffe aus der ganzen Welt kommen dort an. Das Wahrzeichen der Stadt, der Turm

der Michaeliskirche, kann man schon vom Hafen aus sehen. Diese Stadt ist gleichzeitig auch ein Bundesland.

Wie heißen die Städte und ihre Flüsse? (Lösung S. 144)

---

das Jahr – das Jahrzehnt – das Jahrhundert – das Jahrtausend

tagelang – wochenlang – monatelang – jahrelang – jahrzehntelang – jahrhundertelang (zwei Jahrhunderte lang)

das Herz, des Herz*ens* – die Herz*en* (s. S. 117: *der Name) der* See, -n – *die* Nordsee

eins	– der (das, die) *erste*	neun	–	*neunte*
zwei	–	*zweite*	zehn	–	*zehnte*
drei	–	*dritte*	zwanzig	– der (das, die)	*zwanzigste*
vier	–	*vierte*	hundert	–	hundert*ste*
fünf	–	*fünfte*	tausend	–	tausend*ste*
sechs	– der (das, die) *sechste*	1. = erste*ns*	
sieb*en*	–	*siebte*	2. = zweite*ns*	
acht	–	ach*te*	3. = dritte*ns*	

Der wievielte ist heute? – Heute ist der 7. 9. (der siebte September)

Ein *Bundesland* ist ein Land in der Bundesrepublik. Die Bundesrepublik Deutschland besteht aus zehn Ländern: Baden-Württemberg, Bayern, Bremen, Hamburg, Hessen, Niedersachsen, Nordrhein-Westfalen, Rheinland-Pfalz, das Saarland, Schleswig-Holstein. Berlin (West) steht unter aliierter Kontrolle. (Viermächtestatus)

Die Adjektivdeklination

Wer ist *der alte Mann* dort? – *Das neue Haus* gefällt mir gut. – *Die große Stadt* liegt in Süddeutschland.

Dort geht *ein alter Mann* über die Straße. – Fritz zeigt uns *sein neues Haus*. – Wir fahren heute in *eine große Stadt*. – Der Freund *dieses netten Herrn* schreibt *seinem kranken Sohn* heute *einen langen Brief*.

Haben Sie sich *einen grünen* oder *einen lila Pullover* gekauft?

Singular

	maskulin	*neutral*	*feminin*
Nom.:	der alt–e Mann	das klein–e Haus	die groß–e Stadt
	ein alt–er Mann	ein klein–es Haus	eine groß–e Stadt
Akk.:	den alt–en Mann	das klein–e Haus	die groß–e Stadt
	einen	ein klein–es Haus	eine groß–e Stadt
Dat.:	dem alt–en Mann	dem klein–en Haus	der groß–en Stadt
	einem	einem	einer
Gen.:	des alt–en Mannes	des klein–en Hauses	der groß–en Stadt
	eines	eines	einer

Plural

Nom., Akk.: die alt–en Männer; *Dat.:* den alt–en Männern; *Gen.:* der alt–en Männer

I. Singular-Regel

		m.	n.	f.
1. nach dem **bestimmten Artikel, dem**	*Nom.:*	–e	–e	–e
Demonstrativpronomen und jed–	*Akk.:*	–en	–e	–e
im **Nominativ** immer –e	*Dat.:*	–en	–en	–en
im **Akk. neutr. und feminin** –e	*Gen.:*	–en	–en	–en
2. nach **dem unbestimmten Artikel** und	*Nom.:*	–er	–es	–e
dem **Possessivpronomen**	*Akk.:*	–en	–es	–e
im **Nominativ maskulin** –er	*Dat.:*	–en	–en	–en
im **Nom. und Akk. neutral** –es	*Gen.:*	–en	–en	–en
im **Nom. und Akk. feminin** –e				

Der letzte Konsonant des bestimmten Artikels kommt an das Adjektiv:
der –er;   das –es

3. In allen übrigen Fällen hat das Adjektiv die Endung –en*.

---

* keine Endung haben: 1. Adjektive auf –a: die lila Bluse, das rosa Kleid
                    2. Adjektive aus Städtenamen auf –er: das Münchner Bier, der Hamburger Hafen, der Kölner Dom

II. Plural-Regel

nach dem **bestimmten Artikel**, dem **Demonstrativpronomen**, dem **Possessivpronomen**, nach ,keine', ,alle' und ,welcher' immer –en.

dunkel	– die dunkle Nacht	anders	– die andere Seite
teuer	– der teure Mantel	besonders	– eine besondere Frage
hoch	– der hohe Berg	links	– die linke Hand
		rechts	– das rechte Bein

Übung 1

> Der Mantel ist braun. Der braune Mantel hängt im Schrank.

1. Das Kleid ist blau. **2.** Das Kostüm ist elegant. **3.** Die Jacke ist weinrot. **4.** Der Anzug ist dunkel. **5.** Die Hose ist schwarz. **6.** Der Regenmantel ist billig.

> Gehört Ihnen der braune Mantel? – Ja, das ist mein brauner Mantel.

7. die große Tasche **8.** der schwere Koffer **9.** der rote Kugelschreiber **10.** der blaue Hosenanzug **11.** der grüne Regenschirm **12.** das kleine Messer **13.** die schwarzen Schuhe **14.** diese braunen Handschuhe **15.** die vielen Bücher **16.** die lila Bluse

Übung 2

> Die Suppe ist kalt. Ich möchte eine warme Suppe.

1. Die Antwort ist falsch. **2.** Das Kleid ist lang. **3.** Der Sessel ist unbequem. **4.** Das Zimmer ist teuer. **5.** Der Mantel ist dunkel. **6.** Die Jacke ist ungefüttert. **7.** Das Bild ist nicht schön. **8.** Die Zigarette ist nicht gut. **9.** Das Auto ist langsam. **10.** Der Teppich ist klein. **11.** Die Wohnung ist unmöbliert.

Übung 3

> der alte Mann – Helfen Sie dem alten Mann!

1. das kranke Kind **2.** mein kleiner Bruder **3.** der ausländische Gast **4.** der deutsche Student **5.** der höfliche Herr **6.** die guten Menschen **7.** meine alte Tante **8.** die kleine Erika **9.** der ungeduldige Reporter **10.** der nette Tourist **11.** meine guten Freunde

Übung 4 *Ergänzen Sie die Endungen!*

1. Das Kaufhaus Baumann bietet Ihnen an: einen blau.., einen braun.. und einen grün.. Mantel. – Der blau.. gefällt mir. Ich möchte aber einen gefüttert.. Mantel. **2.** Haben Sie auch einen hellgrau.. Regenmantel? – Nein, wir haben leider keine preiswert.. Regenmäntel mehr. **3.** Nehmen Sie doch dieses elegant.. Kostüm! Sie können es mit einer weiß.. oder einer farbig.. Bluse tragen. **4.** Gefällt Ihnen diese weinrot.. Sportjacke? – Ist das auch eine gut.. Qualität? Kann ich sie zu einer grau.. Hose tragen? **5.** Sehen Sie unsere billig.. Preise, zum Beispiel für diese schön.. Damenblusen! **6.** Wie finden Sie diese preiswert.. Pullover? Ich möchte mir einen neu.. Pullover kaufen, mein gelb.. gefällt mir nicht mehr. – Wieder einen gelb..? – Nein, diesmal nehme ich eine ander.. Farbe. **7.** Mein Vater hat heute seinen blau.. Mantel, einen grau.. Anzug und seine schwarz.. Schuhe an. **8.** Was haben Sie an?

Übung 5 *Ergänzen Sie die Endungen!*

1. In den erst.. Wochen des Monats Juni machte ein französisch.. Tourist eine Reise durch das schön.. Österreich. **2.** Er besuchte alle bekannt.. Städte und sah sich die Landschaft mit ihren hoh.. Bergen und groß.. Seen an. **3.** Meistens fuhr er auf klein.. Nebenstraßen. **4.** Er fuhr an den schön.., alt.. Bauernhäusern vorbei und sah die fleißig.. Bauern bei ihrer schwer.. Arbeit. **5.** Bei dem gut.. Wetter hatte er eine schön.. Fahrt. **6.** Plötzlich kam ein schwer.. Gewitter. **7.** Wegen des stark.. Regens wollte er nicht weiterfahren und hielt vor einem klein.. Gasthaus. **8.** Er stieg aus seinem rot.. Wagen aus und ging in die nett.. Gaststube. **9.** „Bringen Sie mir ein dunkl.. Bier und ein gut.. Mittagessen!" wollte er zu dem freundlich.. Wirt sagen. **10.** Aber der verstand kein Französisch und der französisch.. Tourist sprach kein einzig.. Wort Deutsch. **11.** Da hatte er eine gut.. Idee. **12.** Er zeichnete einen groß.. Pilz auf eine weiß.. Papierserviette. **13.** Der freundlich.. Wirt sah die einfach.. Zeichnung, ging durch eine klein.. Tür in die Küche und brachte einen groß.., rot.. Regenschirm.

welcher? und was für ein?

1. a) *Welches* Kleid ziehst du an, *das* rote oder *das* blaue? – Ich ziehe *das* rote an.
   Mit *welchem* Zug kommt er? – Mit *dem* D-Zug um 16.30 Uhr.
   b) Wir fahren mit *der* U-Bahn. – Mit *welcher?* Mit *der* U–8.

2. a) *Was für einen* Hut möchten Sie? – *Einen* grünen.
   Mit *was für einem* Wagen ist er gefahren? – Mit *einem* roten Sportwagen.
   b) Das hat mir *ein* Herr erzählt. – *Was für einer?* – *Ein* Kaufmann aus Hamburg.
   c) Wir brauchen noch Milch. – *Was für welche?* – Flaschenmilch.
   Haben Sie auch Hefte? – *Was für welche?* – Wir brauchen Schreibhefte.

Singular			Plural
maskulin	*neutral*	*feminin*	
1. a) welcher ...?	welches ...?	welche ...?	welche ...?
b) welcher?	welches?	welche?	welche?
2. a) was für ein ...?	was für ein ...?	was für eine ...?	was für ein ...?
b) was für einer?	was für eins?	was für eine?	
c) was für welcher?	was für welches?	was für welche?	was für welche?

1. Mit ‚welcher?' fragt man nach einer **bestimmten** Person oder Sache. Man antwortet mit dem **bestimmten** Artikel. ‚Welcher?' kann mit oder ohne Nomen stehen; es wird wie der bestimmte Artikel dekliniert.

2. Mit ‚was für ein?' fragt man **allgemein** nach einer Person oder Sache. Man antwortet mit dem **unbestimmten** Artikel. Dieses Fragepronomen kann auch ohne Nomen stehen; dann fragt man im Singular: ‚was für einer (eins, eine)?' oder bei Nomen ohne Artikel ‚was für welcher (welches, welche)?'; im Plural ‚was für welche?' (vergleichen Sie S. 133)

Übung 6 *Fragen Sie nach den kursiv gedruckten Wörtern! (mit* welch..? *oder mit* was für ein?)

Machen Sie bitte den *ersten* Satz! – Welchen Satz? – Den ersten (Satz).

1. Heute bin ich mit einem *ganz neuen* Bus gefahren. 2. Bei der *vierten* Haltestelle mußte ich aussteigen. 3. Dann bin ich zur *Michaelis*kirche gegangen. 4. Die Michaeliskirche ist eine *sehr schöne* Kirche. 5. Dann habe ich meine Freundin *Inge* getroffen. 6. Sie hat ein *nettes* Zimmer hier in Hamburg. 7. Ich möchte auch in dieser *schönen* Stadt bleiben. 8. Ich muß mir ein *möbliertes* Zimmer suchen. 9. Leider sind hier *alle möblierten* Zimmer sehr teuer. 10. Gestern habe ich eine *freundliche alte* Dame kennengelernt. 11. Sie will mir morgen den *Hamburger* Hafen zeigen. 12. Vielleicht kann ich mit ihrer Hilfe ein *preiswertes* Zimmer finden.

ja – nein – doch

Ist der Weg weit? – *Ja,* er ist weit. (*Nein,* er ist nicht weit.)
War Herr Braun heute nicht hier? – *Nein,* er war nicht hier. (*Doch,* er war hier.)

Mit ‚ja' antwortet man auf eine positive Frage.
Mit ‚nein' antwortet man auf eine negative Frage oder verneint eine positive Frage.
Mit ‚doch' verneint man eine negative Frage.

Übung 7 *Bitte antworten Sie!*

1. Sind Sie gestern pünktlich ins Theater gekommen? – . . . . ., das bin ich. 2. Waren Sie schon einmal in England? – . . . . ., ich war noch nicht dort. 3. Fahren Sie morgen nicht nach Bremen? – . . . . ., ich bleibe hier. 4. Gefällt Ihnen der blaue Mantel nicht? – . . . . ., ich finde ihn sehr schön. 5. Findest du Peter nicht nett? – . . . . ., er gefällt mir recht gut. 6. Ißt du Kuchen nicht gern? – . . . . ., aber jetzt möchte ich keinen. 7. Hast du noch Geld? – . . . . ., für heute reicht es noch. 8. Hast du kein Geld mehr? – . . . . ., für heute reicht es noch. 9. Haben Sie jetzt keine Zeit mehr? – . . . . ., leider nicht. 10. Haben Sie jetzt keine Zeit mehr? – . . . . ., für Sie habe ich immer Zeit.

Auf dem Einwohnermeldeamt

Robert Fisher, ein Ausländer, kommt an einen Schalter und spricht mit dem Beamten.

Robert F.: Guten Tag! Ich möchte mich anmelden.

Beamter: Bitte geben Sie mir Ihren Paß. – Sie müssen diese drei Anmeldeformulare ausfüllen.

Robert F.: Ach bitte, können Sie mir vielleicht dabei helfen? Sonst mache ich sicher etwas falsch.

Beamter: Gern. Geben Sie die Formulare her! – Wann sind Sie nach Köln gekommen, und wo wohnen Sie jetzt?

Robert F.: Ich bin vorgestern angekommen und wohne in der Mozartstraße 4 im dritten Stock bei Frau Neumann.

Beamter: Wo haben Sie zuletzt gewohnt?

Robert F.: In London. Ich habe dort zwei Semester studiert.

Beamter: Ihren Namen bitte! Ihren Familiennamen und alle Vornamen.

Robert F.: Robert Fisher, ich habe nur einen Vornamen.

Beamter: Sie sind ledig, ja? – Und Ihr Beruf?

Robert F.: Ich bin Student. Ich studiere Wirtschaftswissenschaften. Hier ist die Bestätigung der Universität.

Beamter: Wann und wo sind Sie geboren?

Robert F.: Am 5. Oktober 1955 in Glasgow.

Beamter: Dann sind Sie also Schotte, nicht wahr? – Und Ihre Konfession?

Robert F.: Ich bin katholisch.

Beamter: So, jetzt brauche ich noch die Nummer Ihres Passes. Wer hat ihn ausgestellt, und wie lange ist er noch gültig? – Jetzt haben wir Ihr Formular ausgefüllt. Unterschreiben Sie bitte hier unten rechts! – Danke, das ist alles. Hier haben Sie Ihren Paß zurück. Einen Abschnitt des Formulars bekommen Sie auch. Heben Sie ihn bitte gut auf!

Robert F.: Vielen Dank! Auf Wiedersehen!

ein Formular *ausf*üllen – einen Paß *aus*stellen
vorgestern – gestern – heute – morgen – übermorgen
ledig – verheiratet – verwitwet – geschieden
Wann sind Sie *geboren?* – die Geburt – der Geburtstag – der Geburtsort

Übung 8   *Setzen Sie das richtige Adjektiv ein:*

alt – bekannt – bequem – berühmt – groß – neu – schlecht – schön – stark

1. Die Stadt hat ein Schloß und eine Kirche.   **2.** Goethe war ein Dichter.   **3.** Man hat hier einen Blick auf den Dom.   **4.** Hamburg ist ein Handelsplatz.   **5.** Wegen des Wetters sind wir gestern nicht spazierengegangen.   **6.** Mit diesem Auto fahre ich nicht mehr.   **7.** In diesem Sessel sitze ich sehr gern.   **8.** Trotz des Nebels konnten wir in London landen.   **9.** Fritz hat sich einen Wagen gekauft.   **10.** Ich bin aber auch sehr gern mit seinem Wagen gefahren.

Übung 9   *Bitte lesen Sie die Sätze laut!*

1. Ich fahre am 5. 9. nach Frankfurt.   **2.** Wir leben im 20. Jahrhundert.   **3.** Fritz hat am 17. 5. Geburtstag.   **4.** Wir haben ihm zu seinem 21. Geburtstag gratuliert.   **5.** Goethe ist am 28. 8. 1749 geboren und am 22. 3. 1832 gestorben.   **6.** Karl Marx ist am 5. 5. 1816 geboren und am 14. 3. 1883 gestorben.

Übung 10   *Verwenden Sie für die Lösung dieser Übung die folgenden Adjektive:*

billig – dunkel – gefüttert – grün – gut – lang – neu – rot – schwarz

> Ich möchte ein Kleid. – Was für ein Kleid? (Was für eins?) – Ein grünes.

1. ein Hosenanzug   **2.** ein Mantel   **3.** eine Tasche   **4.** ein Koffer   **5.** ein Zimmer
6. ein Fahrrad   **7.** ein Apfel   **8.** ein Auto   **9.** ein Handtuch

> Ich kaufe den Mantel. – Welchen Mantel? (Welchen?) – Den braunen.

10. das Kleid   **11.** die Mappe   **12.** die Birnen   **13.** den Salat   **14.** die Handschuhe
15. den Wagen   **16.** diese Jacke   **17.** den Anzug   **18.** die Schuhe   **19.** das Fahrrad

Übung 11   *Setzen Sie folgende Adjektive ein:*

alt – braun – dunkel – grün – gültig – modern – neu

1. Ich möchte in die . . . . . Kirche gehen.   **2.** Ich fahre mit meinem . . . . . Wagen nach Italien.   **3.** Er braucht einen . . . . . Hut.   **4.** Heute zieht Paul den . . . . . Mantel an.
5. Ich muß die . . . . . Schuhe putzen.   **6.** Der . . . . . Mann ging nachts durch die . . . . .

Straßen. **7.** Diese . . . . . Häuser gefallen uns nicht. **8.** Heute kaufe ich keinen . . . . . Salat. **9.** Haben Sie einen . . . . . Paß?

Übung 12 *Verstehen Sie diese Sätze? Versuchen Sie es mit folgenden Adjektiven:*
berühmt – blind – faul – kalt – kaputt – modern

1. Ein . . . . . Mann kann nicht allein über die Straße gehen. **2.** Trotz der vielen alten Kirchen ist München eine . . . . . Stadt. **3.** Mit einem . . . . . Auto kann man nicht fahren. **4.** Im Winter kann man in keinem . . . . . Haus wohnen. **5.** Alle . . . . . Schüler können nichts lernen. **6.** Alle . . . . . Leute bekommen ein Denkmal.

Übung 13 *Antworten Sie mit* ja *und mit* nein!

Ist diese Frage wichtig? – Ja, das ist eine wichtige Frage.
Nein, das ist eine unwichtige Frage.

1. Ist die Arbeit gut? **2.** Ist der Sessel bequem? **3.** Ist das Kostüm modern? **4.** War der Verkäufer freundlich? **5.** War Ihr Flug angenehm? **6.** Haben Sie die Aufgabe schwer gefunden? **7.** Ist Ihre Tasche praktisch? **8.** Ist der Koffer leicht? **9.** Ist das Zimmer möbliert?

Übung 14 *Fragen und Aufgaben zu den Texten*

1. Sie fahren nach München. Was können Sie sehen? – Wie heißt der „grüne" Fluß? – Woher kommt die grüne Farbe? – Wo kann man in München studieren? – Wie heißt die Stadt bei ihren Freunden?

2. Sie sind in Frankfurt. Wo liegt Frankfurt? – Was für ein Zentrum ist diese Stadt? – Ist sie auch wichtig für Bücher? – Welcher deutsche Dichter ist in Frankfurt geboren? – Kann man sein Geburtshaus noch sehen? – Was ist es heute?

3. Jetzt sind Sie in Köln. Wo liegt Köln? – Hat man den Dom sehr schnell gebaut? – Sind die anderen Kirchen in Köln modern? – Wann feiert man Karneval?

4. Hamburg ist eine große Stadt. Was ist es noch? – Wo liegt Hamburg? – Wissen Sie etwas über den Hamburger Hafen? – Was ist das Wahrzeichen dieser Stadt? – Wo kann man es gut sehen? – Kommen die Leute nur mit der Bahn, dem Auto oder dem Flugzeug nach Hamburg?

5. Schreiben Sie Ihren Lebenslauf! Wann und wo sind Sie geboren? – Wo sind Sie in die Schule gegangen? – Haben Sie studiert? – Haben Sie einen Beruf? – Seit wann? – Sind Sie verheiratet? usw.

Lösung der Aufgabe von Seite 136-137: „Kleines Städte-Quiz":
1. München an der Isar – **2.** Frankfurt am Main – **3.** Köln am Rhein – **4.** Hamburg an der Elbe

Der Straßenverkehr

Gestern hat mich auf der Autobahn eine Polizeistreife gestoppt. Ich wußte nicht, was ich falsch gemacht hatte. Aber die Polizisten wollten nur meinen Führerschein und die Wagenpapiere sehen. Dann überprüften sie die Kennzeichen, sagten: „Danke, alles in Ordnung!" und ich konnte weiterfahren.

„Wissen Sie, warum Herr Berger jetzt immer mit dem Taxi fährt?"
„Ja, sein Wagen ist nicht mehr zugelassen.
Er hat ihn abgemeldet, weil er nicht mehr Auto fahren darf – wegen seiner schlechten Augen. Und er will nicht, daß sein Sohn fährt."
„Aber warum nicht? Fritz kann doch Auto fahren."
„Ja, er kann fahren, aber er darf nicht, weil er noch nicht 18 ist."

Marktstraße–Gerberstraße, das ist wirklich eine gefährliche Kreuzung. Gestern ist schon wieder ein Unfall passiert. Ein Radfahrer hatte nicht beachtet, daß die Ampel für ihn Rot war, und ist mit einem Pkw zusammengestoßen und vom Rad gefallen. Zum Glück ist dem jungen Mann nicht viel passiert. Er ist gleich wieder aufgestanden; er war nicht verletzt. Aber das Rad war natürlich ganz kaputt; es war ein Sachschaden von 150 Mark entstanden.
„Ich habe so stark gebremst", sagte der Autofahrer, „ein Glück, daß der Wagen nicht ins Schleudern geraten ist."

Ich habe in der Zeitung gelesen, daß gestern nacht in der Königsstraße drei Autos verschwunden sind. Ich wohne auch in der Königsstraße und parke mein Auto vor meiner Haustür. In der Nacht bin ich immer wieder ans Fenster gegangen und habe die Straße beobachtet.
Aber ich habe keine verdächtigen Personen gesehen. Niemand hat sich lange auf der Straße aufgehalten. Warum? Vielleicht, weil es zu stark geregnet hat. Vielleicht, weil mein Auto nicht interessant genug ist. Am Morgen stand mein alter, grauer VW wie immer vor der Haustür.

Aus der Zeitung

Eine wachsame Polizeistreife

Ein Streifenwagen der Rosenheimer Polizei stoppte einen 19jährigen Münchner auf der Autobahn München-Salzburg. Dem jungen Mann war das unbegreiflich, denn er war nicht zu schnell gefahren und immer auf der rechten Spur geblieben.

Den Polizisten war der Wagen aufgefallen, weil das hintere Nummernschild nur noch an einer Schraube hing. Deshalb überprüften sie das Fahrzeug und stellten fest, daß es nicht zugelassen war und daß der Fahrer keinen Führerschein hatte. Der Vater des Fahrers hatte seinen PKW abgemeldet. Weil der junge Mann aber einen Ausflug ins Gebirge machen wollte, hatte er in einer Münchner Tiefgarage von einem anderen PKW das Kennzeichen abmontiert und es am Wagen seines Vaters festgeschraubt.

Ein schwerer Verkehrsunfall

Frankfurt, 19. März (dpa) – Heute morgen hat sich in Neustadt ein schwerer Verkehrsunfall ereignet. Ein Personenwagen stieß an der Kreuzung Gerber- und Marktstraße mit einer voll besetzten Straßenbahn zusammen.

Der PKW-Fahrer hatte die Verkehrszeichen nicht beachtet und wollte trotz des roten Lichtes noch rechts abbiegen. Zu spät sah er, daß eine Frau mit einem kleinen Kind über die Straße gehen wollte. Er mußte stark bremsen, der Wagen geriet ins Schleudern, stieß mit der Straßenbahn zusammen und überschlug sich. Der Fahrer des PKW und seine Begleiterin waren sofort tot, zwei Fahrgäste der Straßenbahn liegen jetzt schwerverletzt im Krankenhaus.

Achtung Autodiebstahl!

In der Nacht vom Sonntag zum Montag ist in der Königsstraße ein blauer Personenwagen verschwunden. Er gehört einem bekannten Filmschauspieler.

Der Wagen war an der rechten Straßenseite geparkt. Fußgänger hatten in der Nacht einen jungen Mann beobachtet. Er hatte sich längere Zeit in der Nähe des Wagens aufgehalten. Es ist möglich, daß er das Auto gestohlen hat.

Der verdächtige junge Mann ist etwa 1,74 m groß, schlank und hat einen Bart. Er trug eine Brille mit einem dunklen Rand und hatte eine karierte Jacke und eine dunkle Hose an.

Der Wagen, ein blauer Mercedes 300, trägt das Kennzeichen M–TR 840. In dem Wagen lagen eine braune Aktentasche und ein heller Damenhut.

Die Polizei bittet die Bevölkerung um Mithilfe. Nachrichten über die verdächtige Person oder über den gestohlenen Wagen nimmt jede Polizeidienststelle entgegen.

---

der *Verkehr* – der Straßen*verkehr* – der *Verkehrs*unfall – der *Verkehrs*polizist – das *Verkehrs*zeichen

beachten (A) – die Achtung – Achtung! – beobachten (A)

etwas ist passiert – es hat sich ereignet

mir ist nichts passiert – ich bin nicht verletzt

Ein Wagen hat zwei Kennzeichen. Eins ist hinten – das hintere Kennzeichen.

Eins ist vorn – das vordere Kennzeichen.

Dieser Wagen *ist* nicht mehr *zugelassen*. (Er hat kein polizeiliches Kennzeichen mehr, und man bezahlt für den Wagen keine Steuer und Versicherung mehr.) Die Polizei bittet um die *Mithilfe* der Bevölkerung. Die Polizei sucht den Dieb, und die Bevölkerung *hilft mit*.

Starke Verbformen (nach dem Schema auf Seite 107/108)

II. *ab*biegen	bog ..... ab	ist abgebogen
*auf*heben	hob ..... auf	aufgehoben
fliegen	flog	ist geflogen
wiegen	wog	gewogen
III. verschwinden	verschwand	ist verschwunden
IV. werfen (wirft)	warf	geworfen
V. vergessen (vergißt)	vergaß	vergessen
VI. tragen (trägt)	trug	getragen
sich überschlagen (überschlägt)	überschlug sich	überschlagen
VII. *auf*fallen (fällt ..... auf)	fiel ..... auf	ist aufgefallen
sich *auf*halten (hält ..... auf)	hielt ..... auf	aufgehalten
gefallen (gefällt)	gefiel	gefallen
geraten (gerät)	geriet	ist geraten
*zusammen*stoßen	stieß	ist zusammengestoßen
(stößt ..... zusammen)	zusammen	
VIII. bestehen	bestand	bestanden
erkennen	erkannte	erkannt

Übung 1 *Ergänzen Sie die Sätze mit den Perfektformen der kursiv gedruckten Verben!*

Müssen Sie jetzt zur Polizei *gehen* und sich *anmelden?* – Nein, ich *bin* schon gestern zur Polizei *gegangen* und *habe* mich *angemeldet*.

1. Der junge Mann trug einen grünen Hut. Der mußte dir doch *auffallen*. – Er ..... mir wirklich nicht ..... **2.** „Sie müssen den Abschnitt ihrer Anmeldung gut *aufheben!*" hat der Beamte gesagt. Ich ..... ihn gut ....., aber ich kann ihn doch nicht finden. **3.** Wann *fliegt* denn Erika nach Amerika *ab?* – Sie ..... schon vorgestern ..... **4.** Der Brief darf nicht mehr als 5 Gramm *wiegen*. ..... du ihn auf der Post nochmal .....? **5.** Hoffentlich *biegt* der Lastwagen vor uns bald ab. Ja, jetzt ..... er wirklich ...... **6.** Ein Auto kann doch nicht *verschwinden!* Aber der Wagen des Filmschauspielers ..... heute Nacht ...... **7.** Ich gehe weg. Fritz sagt: „*Wirf* bitte den Brief in den Kasten! *Vergiß* es nicht!" – Ich komme zurück. Fritz fragt mich: „..... du den Brief in den Kasten .....? ..... du es auch nicht .....?" **8.** Muß man im Gebirge wirklich diese festen Schuhe *tragen?* – Ich ..... im Gebirge immer

meine festen Schuhe ...... 9. Er *fährt* sehr schnell; sein Wagen kann sich *überschlagen*. – Und dann ..... er wirklich zu schnell ..... und sein Wagen ..... sich ......
10. Seit wann *trägt* Robert eine Brille? Im Sommer ..... er doch noch keine ......
11. Ich *sehe* nicht oft *fern*. Das Programm *gefällt* mir meistens nicht. Gestern ..... ich aber drei Stunden lang ....., denn das ganze Programm ..... mir gut ..... 12. Bei diesem Regen dürfen Sie nicht stark *bremsen*, sonst kann der Wagen ins Schleudern *geraten*. – Plötzlich waren Fußgänger auf der Straße. Der Fahrer ..... stark .....; sein Wagen ..... ins Schleudern ..... 13. Der junge Mann muß das Kennzeichen fest *anschrauben*; sonst *fällt* das einem Polizisten *auf*, und der sagt zu ihm: „Sie ..... Ihr Kennzeichen nicht richtig .....; das ..... mir ....

Das Plusquamperfekt

I

Mein Freund *kommt* sehr spät.
Mein Freund *kam* sehr spät.

Der Polizist *überprüft* das Auto.
Der Polizist *überprüfte* das Auto.

Sie *will* Briefmarken kaufen,
Sie *wollte* Briefmarken kaufen,

II

Ich *habe* ihn früher *erwartet*.
Ich *hatte* ihn früher *erwartet*.

Es *ist* ihm *aufgefallen*.
Es *war* ihm *aufgefallen*.

aber sie *hat* ihr Geld *vergessen*.
aber sie *hatte* ihr Geld *vergessen*.

Präteritum von $\frac{haben}{sein}$ + Partizip Perfekt = **Plusquamperfekt**

Die Handlung II liegt **vor** der Handlung I.
Handlung I steht im **Präsens**, Handlung II steht im **Perfekt**.
Handlung I steht im **Präteritum** oder im **Perfekt**, Handlung II steht im **Plusquamperfekt**.

Übung 2 *Perfekt oder Plusquamperfekt?*

1. Die Mutter findet sicher das Wörterbuch. Robert ..... es in den Bücherschrank ..... (stellen). **2.** Heute bin ich sehr müde. Die Party ..... gestern bis 3 Uhr ..... (dauern). **3.** Der Beamte konnte die Adresse nicht lesen; ich ..... zu undeutlich ..... (schreiben). **4.** Er kam zum Parkplatz. Sein Wagen ..... (verschwinden). **5.** Ich bin drei Wochen in Köln gewesen. Vorher ..... ich meine Tante in München ..... (besuchen). **6.** Ich wollte mich anmelden, aber ich ..... meinen Paß ..... (vergessen). **7.** Ich konnte den Brief nicht einwerfen; du ..... ihn nicht richtig ..... (frankieren). **8.** Peter mußte warten. Inge ..... sich ..... (verspäten).

Die Nebensätze

Nebensätze mit Fragewörtern

Wissen Sie, *warum* Herr Berger mit dem Taxi fährt? – Ich weiß nicht, *was* ich falsch gemacht habe. – Auf den Verkehrsschildern steht, *wie* schnell die Autos fahren dürfen.

	Warum kommt Peter heute nicht? Ich weiß es nicht.
Ich weiß nicht,	warum Peter heute nicht *kommt.*

	Wann fährt der Zug in München ab? Ich muß fragen.
Ich muß fragen,	wann der Zug in München *abfährt.*

	Wie hat Ihnen der Film gefallen? Ich frage Sie.
Ich frage Sie,	wie Ihnen der Film *gefallen hat.*

	Was muß ich denn noch kaufen? Sag es mir bitte!
Sag mir bitte,	was ich noch *kaufen muß!*

Wieviel Uhr ist es denn? Ich möchte es wissen.

Ich möchte wissen, wieviel Uhr es *ist.*

1. Im **Nebensatz** steht das konjugierte Verb **am Ende!**
   Die trennbaren Teile des Verbs stehen zusammen.
   Zwischen dem Hauptsatz und dem Nebensatz steht immer ein Komma.
   Das Subjekt des Nebensatzes steht meist hinter der Konjunktion. Nur ein Pronomen kann dazwischen stehen (....., wie Ihnen der Film gefallen hat).
2. Der Nebensatz mit einem Fragewort als Konjunktion folgt meistens dem Hauptsatz. Modalwörter des Fragesatzes (Wieviel Uhr ist es denn?) fallen weg. Das unbestimmte Pronomen (ich weiß es) fällt vor diesen Nebensätzen weg.

Übung 3   *Machen Sie aus einem Fragesatz einen Nebensatz!*

Wo wohnt er? Ich weiß es nicht. – Ich weiß nicht, wo er wohnt.

1. Wann hat Herr Müller Geburtstag? Niemand hat es mir gesagt.   2. Wieviel kostet ein Brief nach Amerika? Ich habe die Beamtin gefragt.   3. Wem hat Inge diesen langen Brief geschrieben? Ich kann es mir denken.   4. Wohin habe ich meine Schlüssel gelegt? Ich habe es schon wieder vergessen.   5. Was hat Peter zu Inge gesagt? Ich habe es nicht gehört.   6. Wieviel kostet denn ein neuer Wagen? Ich kann es Ihnen

leider nicht sagen. **7.** Wer ist denn dieser nette junge Mann gewesen? Ich sage es dir nicht. **8.** Wer hat denn heute nacht so einen Lärm gemacht? Ich weiß es auch nicht. **9.** Wann wird denn das neue Haus fertig? Ich möchte das selbst wissen. **10.** Wie lange will Erika denn in Hamburg bleiben? Sie hat es nicht gesagt. **11.** Worüber wollen denn die Reporter mit den Leuten diskutieren? Ich habe es in der Zeitung gelesen.

Nebensätze mit „weil"
Der Fahrer mußte stark bremsen, *weil* ein Kind über die Straße lief.
Der junge Mann brauchte das Auto, *weil* er einen Ausflug machen wollte.
Der Polizist stoppte den Wagen, *weil* der Fahrer zu schnell gefahren war.
Warum (weshalb) darf Herr Berger nicht mehr Auto fahren? – *Weil* er zu schlecht sieht.

| *a) Hauptsatz* | *b) Nebensatz* |
I II III E	I II III E
Er trug eine Brille.	Er fiel mir auf, weil er eine Brille trug.
Es ist schon spät.	Er muß jetzt gehen, weil es schon spät ist.
Er fährt heute ab.	Er hat keine Zeit, weil er heute abfährt.
Er hat mir geholfen.	Ich muß ihm helfen, weil er mir geholfen hat.
Er will heute arbeiten.	Er kommt nicht, weil er heute arbeiten will.

Der Nebensatz mit der Konjunktion **weil** sagt einen Grund und antwortet auf die Frage **warum?** oder **weshalb?**
Er steht meist hinter dem Hauptsatz.

Übung 4 *Antworten Sie mit* weil!

1. Warum ißt Fritz nichts? (er hat keinen Hunger) **2.** Warum hat der Tourist nichts gesagt? (er konnte nicht Deutsch) **3.** Warum kommt er so oft zu spät? (er schläft gern lange) **4.** Weshalb haben Sie die junge Dame so freundlich gegrüßt? (sie gefällt mir sehr gut) **5.** Warum trinken Sie soviel Milch? (das ist sehr gesund) **6.** Warum gehen Sie so oft in dieses Gasthaus? (dort ist das Essen besonders gut) **7.** Warum kaufen die Leute im Winterschlußverkauf? (dann ist alles sehr billig) **8.** Warum studieren so viele Ausländer in München? (es gefällt ihnen dort)

Übung 5 *Verbinden Sie die Sätze mit* weil!

> Ich bin nicht gekommen. Ich hatte keine Zeit. – Ich bin nicht gekommen, weil ich keine Zeit hatte.

1. Ich kaufe mir jetzt keinen Mantel. Ich habe kein Geld. **2.** Wir können die Suppe leider nicht essen. Wir haben keine Löffel. **3.** Der Mann konnte die Schrift nicht lesen. Er hatte seine Brille vergessen. **4.** Richard schlief sofort ein. Er war sehr müde. **5.** Inge hat viele Blumen bekommen. Sie hatte Geburtstag. **6.** Peter mietet dieses Zimmer nicht. Es ist ihm zu teuer. **7.** Der Polizist hat Sie aufgeschrieben. Sie haben falsch geparkt. **8.** Der Mann ist verdächtig. Er hat sich lange in der Nähe des Wagens aufgehalten. **9.** Der Fahrer ist mit der Straßenbahn zusammengestoßen. Er hatte das Verkehrszeichen nicht beachtet. **10.** Der junge Mann ist sicher sehr nervös. Er geht seit einer Stunde immer hin und her. **11.** Er hat Rita nicht erkannt. Sie hat heute ein neues Kleid angehabt. **12.** Er kann nicht mehr mit uns essen. Er fliegt schon um 8 Uhr ab. **13.** Inge geht zum Schalter. Sie will Geld einzahlen. **14.** Der Tourist fuhr auf Nebenstraßen. Er wollte die schöne Landschaft kennenlernen.

Nebensätze mit „daß"

1. Wir fahren im Sommer nach Spanien. *Das* ist jetzt sicher. – *Es* ist jetzt sicher, *daß* wir im Sommer nach Spanien fahren.
   Hat der junge Mann das Auto gestohlen? *Das* ist möglich. – *Es* ist möglich, *daß* der junge Mann das Auto gestohlen hat.
2. Mein Freund fliegt morgen ab. Ich weiß *es*. – Ich weiß, *daß* mein Freund morgen abfliegt.
   Ein Fußgänger läuft über die Straße. Der Fahrer sieht *es* nicht. – Der Fahrer sieht nicht, *daß* ein Fußgänger über die Straße läuft.
3. Köln ist eine schöne Stadt. Ich habe *davon* gehört. – Ich habe *(davon)* gehört, *daß* Köln eine schöne Stadt ist.
   Wann schreibt Robert endlich einen Brief? Wir warten *darauf*. – Wir warten *darauf*, *daß* Robert endlich einen Brief schreibt.

1. Der Nebensatz mit **daß** steht für einen **Nominativ** (z. B. es [das] ist sicher). Das **es** im Nominativ bleibt meist stehen. (das → es).
2. Der Nebensatz mit **daß** steht für einen **Akkusativ** (z. B. ich weiß es). Das **es** im Akkusativ fällt weg.
3. Der Nebensatz mit **daß** steht für einen **präpositionalen Ausdruck**. Dieser bleibt im Hauptsatz oft stehen (wir warten darauf, daß . . . . .).

Übung 6 *Bilden Sie Nebensätze mit* daß!

Sie kommen heute zu uns. – Es ist nett, daß Sie heute zu uns kommen.

1. Ich habe Gisela kennengelernt. **2.** Sie bringen mir Blumen mit. **3.** Wir treffen uns heute. **4.** Sie helfen mir bei meiner Arbeit. **5.** Sie bringen mir das Buch so schnell zurück.

> Er kommt morgen. – Ich weiß, daß er morgen kommt.

6. Köln ist eine große Stadt. **7.** Die Buchmesse findet in Frankfurt statt. **8.** Ich muß in Mainz umsteigen. **9.** Der Mann hatte eine karierte Jacke an. **10.** Ich darf keinen Kaffee trinken. **11.** An einer Kreuzung muß man langsam fahren.

Übung 7 *Verbinden Sie die Sätze mit* daß!

1. Ich kann nicht mit euch fahren. Das ist schade. **2.** Wir haben heute Peter getroffen. Das war sehr nett. **3.** Robert hat so lange nicht geschrieben. Das ist mir unbegreiflich. **4.** Inge gibt Peter die Telefonnummer. Das gefällt Gisela nicht. **5.** Der Autofahrer hat das Verkehrszeichen wirklich nicht gesehen. Das ist möglich. **6.** Das Wetter wird morgen schön. Ich hoffe es. **7.** Meine Schwester kommt morgen mittag. Meine Mutter hat es geschrieben. **8.** Ihr Zug kommt um 14.32 an. Ich habe es im Fahrplan gelesen. **9.** Ein PKW ist mit der Straßenbahn zusammengestoßen. Fritz hat das erzählt. **10.** Eine Frau wollte über die Straße gehen. Der Fahrer sah es zu spät. **11.** Ich habe Schokolade mitgebracht. Die Kinder haben sich darüber gefreut. **12.** Er muß das Formular sofort zurückschicken. Hoffentlich denkt er auch daran. **13.** Im Urlaub fahre ich zu meinen Eltern an die Nordsee. Sie freuen sich schon darauf. **14.** Inge ist gestern allein ins Kino gegangen. Wir haben uns darüber gewundert. **15.** Helfen Sie diesem armen Mann! Ich bitte Sie darum.

Länder- und Städtenamen

1. Dänemark, Schweden und Norwegen liegen in Nordeuropa. *Das sonnige* Italien liegt in Südeuropa. – Hamburg, Paris und London sind große Städte. *Das kleine* Rothenburg ist aber auch eine berühmte Stadt.

2. *Die* Schweiz und *die* Tschechoslowakei sind Nachbarn *der* Bundesrepublik Deutschland. – *Die* Vereinigten Staaten und *die* Sowjetunion sind sehr große Staaten.

3. Wir fahren im Sommer *nach* Griechenland oder *in die* Türkei.

---

1. Die meisten Länder- und fast alle Städtenamen sind **neutral**. Sie haben den Artikel nur vor einem Attribut, sonst stehen Sie **ohne Artikel**.

2. Einige Ländernamen sind **feminin** (z. B. die Türkei, die Bundesrepublik Deutschland, die Deutsche Demokratische Republik, die Sowjetunion (die UdSSR), die Schweiz, **maskulin** (der Libanon) oder **Plurale** (z. B. die Niederlande, die Vereinigten Staaten (die USA); sie stehen **immer mit Artikel**.

Übung 8   *Setzen Sie die Ländernamen ein!*

1. Waren Sie schon einmal in Spanien? (Frankreich, die Türkei, die Bundesrepublik, Italien, Norwegen, die DDR, Polen, die Niederlande, der Libanon) **2.** Viele Touristen fahren nach Mexiko. (die USA, Belgien, Portugal, die Sowjetunion, Ungarn, die Tschechoslowakei, Griechenland, die Schweiz)

So kurz wie möglich

Ein Journalist hatte sich darüber geärgert, daß man seine Berichte in der Zeitung so stark gekürzt hatte. „Das passiert mir nicht mehr!" sagte er und schickte seiner Zeitung folgenden Unfallbericht:
„Erich Meier war überzeugt, daß er kein Benzin mehr im Tank seines Autos hatte. Er nahm ein Streichholz und sah nach. Er hatte sich geirrt. Die Beerdigung ist am Dienstag um halb 12. Der Sachschaden betrug 6000 DM."

Eines Tages beobachtete ein Wärter, daß ein Elefant sich erkältet hatte und hustete. Er nahm eine Flasche Whisky, schüttete sie in einen Eimer Wasser und gab das dem Elefanten. Am nächsten Tag husteten alle Elefanten.

Übung 9   *Erzählen Sie im Präteritum! Beginnen Sie:* „Gestern abend war ich um 11.15 Uhr in der Königsstraße ....."

1. Ich warte auf Inge; sie ist im Kino, und der Film ist noch nicht aus. **2.** Viele Autos parken am Straßenrand; ein blauer Mercedes fällt mir besonders auf. **3.** Ich sehe, daß das rechte Fenster nicht ganz zu ist. **4.** Im Wagen liegt ein großer, weißer Damenhut, daneben steht eine Aktentasche. **5.** Sind wirklich Papiere in der Tasche – oder vielleicht Geld? **6.** Ich stehe in der Nähe des Wagens; da kommt ein junger Mann und will den Wagen aufschließen. **7.** Aber er hat nicht den richtigen Schlüssel. **8.** Er geht auf die andere Seite des Wagens und probiert es noch einmal, aber es geht nicht. **9.** Er spricht mit sich selbst, ich verstehe aber nichts. **10.** Er ärgert sich, das sieht man. **11.** Da fällt ihm das offene Wagenfenster auf. **12.** Er greift in den Wagen. **13.** Aber jetzt kommen viele Leute aus dem Kino. **14.** Ich muß Inge suchen und kann den Mann nicht weiter beobachten.

Übung 10 *Fragen zu den Texten*

Eine wachsame Polizeistreife

1. Was ist auf der Autobahn München-Salzburg passiert? **2.** Hat der Fahrer das erwartet? **3.** Warum ist der Wagen den Polizisten aufgefallen? **4.** Was haben sie bei der Überprüfung des Wagens festgestellt? **5.** Wem gehörte der Wagen? **6.** Warum hatte er kein richtiges Nummernschild? **7.** Was hatte der junge Mann gemacht? **8.** Warum hat er das gemacht?

Ein schwerer Verkehrsunfall

Sie haben den Verkehrsunfall an der Kreuzung Gerber- und Marktstraße gesehen und sprechen mit einem Freund darüber. Er fragt Sie und Sie antworten:

1. Wo hast du denn gestanden? **2.** Was ist passiert? **3.** Wie war das möglich? **4.** Was für ein Wagen war das? **5.** Waren viele Leute auf der Straße? **6.** War der Fahrer allein im Wagen? **7.** Was ist dem Fahrer passiert? **8.** Sind die Fahrgäste der Straßenbahn alle gut nach Hause gekommen?

Achtung Autodiebstahl!

Sie haben den verdächtigen jungen Mann gesehen. Wie sah er aus? (wie alt? wie groß? Brille? Anzug? usw.) – Warum ist der Mann verdächtig? – Was wissen Sie über den gestohlenen Wagen?

Übung 11 *Verbinden Sie die Sätze mit* daß *oder* weil!

1. Warum hat er so lange nicht geschrieben? (er hatte keine Zeit – er war krank und mußte im Bett liegen – er hat sich über uns geärgert)
2. Worüber hat er sich geärgert? (er hat kein Geld bekommen – sein Vater hatte den Wagen abgemeldet – sein Fahrrad war verschwunden)

Zimmersuche

Das Zimmer, das ich jetzt habe, gefällt mir nicht. Deshalb lese ich immer die Anzeigen, die in unserer Zeitung stehen.

„Großes, gemütliches Zimmer mit fließendem Wasser in ruhiger Lage ....." las ich gestern und rief sofort an.

„Ja, das Zimmer ist noch frei. Aber Sie müssen sich schnell entscheiden. Es waren schon ein paar Leute hier, denen das Zimmer gefallen hat."

Ich bin sofort zu der Adresse gegangen, die mir die Dame am Telefon gesagt hatte. Die Straße, in der das Haus lag, war ruhig und hatte wenig Verkehr. Aber das Zimmer, das ich mieten wollte, war leider nicht mehr frei. Das war wirklich großes Pech!

Urlaubspläne

Fritz hat im vergangenen Jahr eine schwere Grippe gehabt, von der er sich noch nicht erholt hat. Er hustet immer noch und fühlt sich nicht wohl. Das Essen schmeckt ihm nicht, und jede kleine Arbeit strengt ihn an.

Der Arzt hat ihm Ruhe und frische Luft empfohlen. Deshalb will Fritz nicht die Reise machen, die er vorgehabt hat. Das tut ihm sehr leid, denn er hat sich darauf gefreut. Aber diese Reise wird zu anstrengend für ihn.

Fritz hat einen Freund, der ihn schon oft eingeladen hat. Der Freund wohnt in einer kleinen Stadt, von der er ihm viele schöne Bilder gezeigt hat. Er sagt, daß der Wein, den es in der Umgebung gibt, sehr gut ist, und daß in letzter Zeit immer mehr Touristen in diese Gegend kommen. Hoffentlich hat Fritz Glück und findet dort eine gute Unterkunft!

Lieber Herr Robertson,

viele herzliche Grüße von der Weinstraße. Und bitte vergessen Sie nicht: Sie haben mir Ihren Besuch versprochen, auf den ich mich heute schon freue. Ich habe einige gute Flaschen im Keller, die Ihnen sicher auch schmecken.

Ihr Karl Bergmeier

Postkarte

Herrn
Richard Robertson
Bergstraße 27

5000 Köln 24

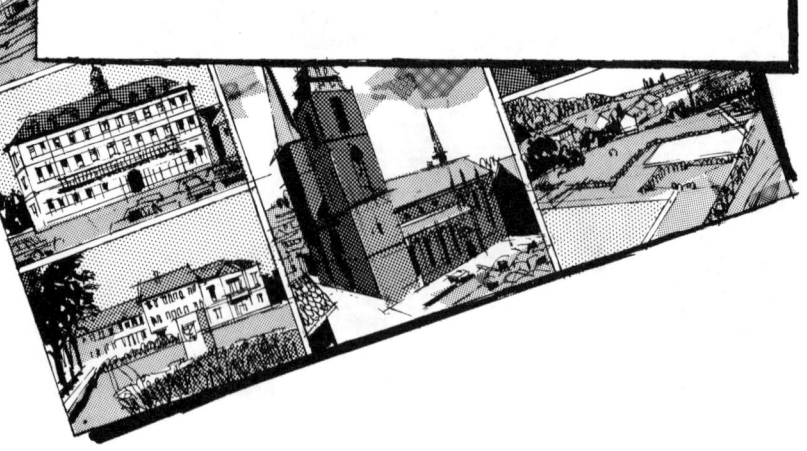

Briefe

Richard Robertson   5000 Köln, 25. Mai 1975
                                     Bergstraße 27

Sehr geehrter Herr Bergmeier!

Ich habe lange nicht geschrieben und Ihnen nicht einmal für Ihre
liebenswürdigen Karten gedankt, über die ich mich sehr gefreut habe.
Leider hatte ich in letzter Zeit ziemlich viel Pech. Im Februar
habe ich mir den Arm gebrochen und mußte während der ganzen Semester-
ferien im Krankenhaus liegen. Dann habe ich eine schwere Grippe bekommen, und seit dieser Zeit fühle ich mich nicht besonders wohl. Ich
muß mich unbedingt in den Ferien erholen, denn dann beginnt ja mein
letztes Jahr in Ihrem Land, und ich möchte doch mit einem guten Ab-
schluß nach Hause kommen.
Leider kann ich nicht heimfahren, das ist viel zu weit. Ich darf auch
keinen Sport treiben, der mich anstrengt, nur Wandern und Schwimmen
hat mir der Arzt empfohlen. Auf Ihren Karten konnte ich sehen, daß
die Weinstraße eine herrliche Gegend ist, in der man sicher schöne
und nicht zu anstrengende Wanderungen machen kann. Da möchte ich gern
einen Teil meiner Ferien verbringen. Aber wie kann ich eine gute
Unterkunft finden, die nicht zu teuer ist? Können Sie mir vielleicht
dabei helfen? Ich brauche nur ein einfaches Zimmer in ruhiger Lage,
mit Dusche oder wenigstens mit fließendem Wasser und vielleicht mit
Vollpension. Ich möchte Ihnen schon jetzt für Ihre Mühe herzlich
danken. Ich hoffe, daß es Ihnen gut geht und ich bald von Ihnen höre.

Mit freundlichem Gruß
     Ihr
          Richard Robertson

Papier- und Schreibwaren
Fritz und Karl Bergmeier

Friedensstraße 5
6730 Neustadt
Tel.: (06321) 25374
28. 5. 1975

Lieber Herr Robertson!

Es tut mir sehr leid, daß Sie soviel Pech hatten und daß Sie sich immer noch nicht ganz wohl fühlen. Ich habe mich aber gefreut, daß Sie an mich gedacht haben; natürlich will ich Ihnen gern helfen. In der Umgebung von Neustadt finden Sie nicht nur herrliche Luft, Sie können auch viele Spaziergänge und Wanderungen machen, auf denen ich Sie an den Wochenenden gern begleiten möchte. Ich muß nämlich wegen meines Geschäfts im Juli und August hier bleiben und freue mich deshalb besonders auf Ihren Besuch.

In der gestrigen Zeitung habe ich einige günstige Zimmerangebote gefunden. Ich habe die Angebote, die vielleicht in Frage kommen, angekreuzt und schicke Ihnen die Zeitung mit gleicher Post zu. Es ist ein Zimmer in der Parkstraße dabei, auf das ich Sie besonders hinweisen möchte: das ist eine gute, ruhige Lage, ganz in der Nähe unseres Freibads, und bis zu meinem Geschäft in der Hauptstraße gehen Sie etwa fünf Minuten. Lesen Sie auch die anderen Anzeigen in Ruhe, entscheiden Sie sich aber bald! Jetzt können Sie sicher noch ein Zimmer finden, das Ihren Wünschen entspricht.

Also, hoffentlich klappt's! Herzliche Grüße und viele gute Wünsche

Ihr Karl Bergmeier

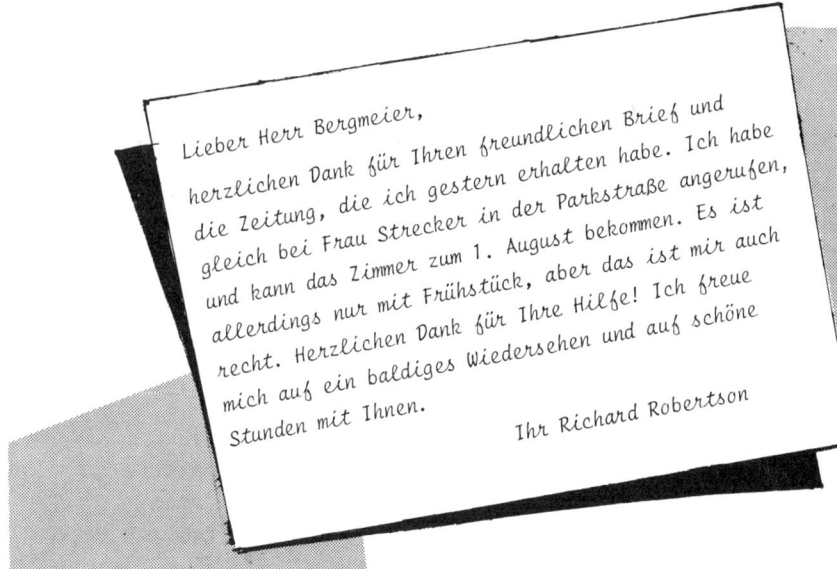

Lieber Herr Bergmeier,

herzlichen Dank für Ihren freundlichen Brief und die Zeitung, die ich gestern erhalten habe. Ich habe gleich bei Frau Strecker in der Parkstraße angerufen, und kann das Zimmer zum 1. August bekommen. Es ist allerdings nur mit Frühstück, aber das ist mir auch recht. Herzlichen Dank für Ihre Hilfe! Ich freue mich auf ein baldiges Wiedersehen und auf schöne Stunden mit Ihnen.

Ihr Richard Robertson

bitten	– *die* Bitte	danken	– *der* Dank	erholen	– *die* Erholung
duschen	– *die* Dusche	grüßen	– *der* Gruß	empfehlen	– *die* Empfehlung
freuen	– *die* Freude	beginnen	– *der* Beginn		
helfen	– *die* Hilfe	fließen	– *der* Fluß	schreiben	– *das* Schreiben
mieten	– *die* Miete	wünschen	– *der* Wunsch		– *die* Schrift
liegen	– *die* Lage	baden	– *das* Bad	fühlen	– *das* Gefühl
ruhig	– *die* Ruhe	nah	– *die* Nähe	groß	– *die* Größe

Adverb: bald: Er kommt bald. *Adjektiv:* baldig: auf baldiges Wiedersehen
gestern: Er kam gestern. gestrig: die gestrige Zeitung
heute: Ich sehe ihn heute. heutig: die heutige Post

Ich schicke die Zeitung *mit gleicher Post* = ich schicke sie *zur gleichen Zeit* ab wie den Brief.

die Pension: 1. die Verpflegung (also Frühstück, Mittagessen und Abendessen), die man zusammen mit der Unterkunft bezahlt
2. ein Gasthaus, das nur Zimmer mit voller oder halber Pension vermietet

Starke Verbformen

I. entscheiden – entschied – entschieden
treiben – trieb – getrieben
(hin)weisen – wies – gewiesen

II. fließen	– floß	– ist geflossen
IV. brechen (bricht)	– brach	– gebrochen
empfehlen (empfiehlt)	– empfahl	– empfohlen
schwimmen	– schwamm	– ist geschwommen
versprechen (verspricht)	– versprach	– versprochen
entsprechen (entspricht)	– entsprach	– entsprochen
VII. erhalten (erhält)	– erhielt	– erhalten
VIII. verbringen	– verbrachte	– verbracht

Die Artikeldeklination der Adjektive

1. Gut*er* Wein muß nicht teuer sein. – Ich wünsche dir gut*en* Appetit. – ..... mit
herzlich*em* Gruß – Trotz stark*en* Nebels konnte die Maschine landen.
Heute ist schön*es* Wetter; wir haben immer schön*es* Wetter gehabt. – Bei klar*em*
Wetter hat man hier eine gute Aussicht.
Hier ist gut*e* Luft. – Wir brauchen gut*e* Luft. – Er hat in letzt*er* Zeit viel Pech gehabt.
Trotz schwer*er* Grippe ist er zur Arbeit gegangen.

2. Gut*e* Straßen kosten viel Geld. – Ich habe schön*e* Bilder von modern*en* Bauten
gesehen. – Das ist ein Buch vom Leben berühmt*er* Männer.
Er hat einige europäisch*e* Länder besucht.

	Singular			Plural
	maskulin	*neutral*	*feminin*	
Nom.:				klein–e Häuser
Akk.:	*wie nach dem unbestimmten Artikel*			klein–e Häuser
Dat.:	alt–em Wein	rot–em Licht	gut–er Luft	klein–en Häusern
Gen.:	*wie nach dem unbestimmten Artikel*		gut–er Luft	klein–er Häuser

Die Adjektive haben die gleiche Endung wie der bestimmte Artikel. Nur im Genitiv
Singular haben sie bei maskulinen und neutralen Nomen die Endung **-en** (statt
der Endung **-es**).

1. **Im Singular** unterscheidet sich diese Deklination **nur in den drei Dativformen** und
im **Genitiv feminin** von der Deklination vor Nomen mit dem unbestimmten
Artikel (s. S. 138).

2. **Im Plural** sind die Formen besonders wichtig, weil dieser Deklination auch

Adjektive nach einer Reihe von **Zahlwörtern** folgen: viele, einige, einzelne, mehrere, ein paar und die Zahlen:

viele	gut–e Straßen	*aber:*	keine	gut–en Straßen
mehrere	gut–e Straßen		unsre	gut–en Straßen
einige	gut–e Straßen		alle	gut–en Straßen
einzelne	gut–e Straßen		welche	gut–en Straßen?
ein paar	gut–e Straßen		diese	gut–en Straßen
zwei	gut–e Straßen			

Übung 1 *Ergänzen Sie die Endungen!*

1. Ich schreibe an einen Herrn oder an eine Dame; ich beginne: Sehr geehrt. . Herr Müller! Sehr geehrt. . Frau Becker! Sehr geehrt. . Fräulein Bartolini! **2.** Ich schreibe an zwei Herren: Sehr geehrt. . Herren! **3.** An meine Eltern, meine Geschwister und meine Freunde schreibe ich: Lieb. . Vater – lieb. . Mutter – lieb. . Eltern – lieb. . Freunde – lieb. . Freund – lieb. . Hans – lieb. . Inge – mein lieb. . Fritz – meine lieb. . Erika. **4.** Ich schließe den Brief: Mit freundlich. . Gruß – mit freundlich. . Grüßen. **5.** Nur an gute Freunde schreibe ich: Mit herzlich. . Gruß – mit herzlich. . Grüßen – viele herzlich. . Grüße.

Übung 2 *Setzen Sie die Adjektive ein! (Wiederholung der Adjektivdeklination)*

1. Der Anzug ist braun. Die Anzüge sind braun. Ich kaufe den ..... Anzug, die ..... Anzüge, ... Anzüge. – Sechs Taschen sind in meinem ..... Anzug, in allen ..... Anzügen, in vielen ..... Anzügen. – Der Preis dieses ..... Anzugs ist hoch. **2.** Die Stadt ist schön. Die Städte sind schön. Wir fahren in die ..... Stadt, in ..... Städte, in alle ..... Städte, in einige ..... Städte. – München ist eine ..... Stadt; Paris, Rom und Athen sind auch ..... Städte. ..... Städte sind meist alt. **3.** Das Auto ist neu. Die Autos sind neu. Wir fahren mit dem ..... Auto, mit einem ..... Auto, mit ..... Autos. – Ein ..... Auto ist meist teuer, aber dieses ..... Auto ist sehr preiswert. – Hier stehen ... Autos. **4.** Der Berg ist hoch. Die Berge sind hoch. Erich steigt auf den ..... Berg, auf die ..... Berge, auf ..... Berge, auf alle ..... Berge, auf viele ..... Berge, auf einen ..... Berg. – Er liebt ..... Berge, die ..... Berge sehr. **5.** Die Lage des Zimmers ist ruhig. Ich suche ein Zimmer in einer ..... Lage, in ..... Lage. – Die ..... Lage des Zimmers ist mir wichtig. – Ich nehme das Zimmer wegen seiner ..... Lage. **6.** Der Wagen ist teuer. Der ..... Wagen ist sehr schön, aber ich kann keinen ..... Wagen kaufen. – Hier gibt es keine ..... Wagen, viele ..... Wagen, einige ..... Wagen. – Ich brauche keinen ..... Wagen. – Ein ..... Wagen braucht viel Benzin. **7.** Ich grüße ihn herzlich. Ich sende Dir ..... Grüße, einen ..... Gruß, viele ..... Grüße, meine ..... Grüße. – Ich schließe meinen Brief mit ..... Gruß, mit einem ..... Gruß, mit vielen

..... Grüßen. **8.** Das Kleid ist dunkel. Sie kauft sich nur ..... Kleider, ein ..... Kleid. – Sie braucht noch ..... Kleider, ein paar ..... Kleider, viele ..... Kleider. – Der Preis ..... Kleider, vieler ..... Kleider, aller ..... Kleider, dieses ..... Kleides ist ziemlich hoch.

Relativpronomen – Relativsätze

A. 1. *Der Freund,*   *der* mir die Karte geschickt hat,   wohnt in Neustadt.
                   den ich besuchen will,
                   dem ich geschrieben habe,
   Das Mädchen, *das* dort geht,   ist sechzehn Jahre alt.
                   das Sie dort sehen,
                   dem ich den Weg gezeigt habe,
   Georg kennt die Frau, *die* mit dem Reporter spricht.
                   die wir gestern getroffen haben.
                   der der Dieb das Geld gestohlen hat.
   Die Polizisten, *die* in einem Streifenwagen saßen,   stoppten das Auto.
                   die der Fahrer nicht gesehen hatte,
                   denen das Nummernschild aufgefallen war,

2. *Das Zimmer* in der Parkstraße, *auf das* ich Sie hinweisen möchte, ist nicht teuer. Ich hatte *eine schwere Grippe,* *von der* ich mich erholen muß. Dort sind *meine Freunde,* *mit denen* ich mich verabredet habe.

	Singular			Plural
	maskulin	*neutral*	*feminin*	
Nominativ:	..., der ...	..., das ...	..., die ...	..., die ...
Akkusativ:	..., den ...	..., das ...	..., die ...	..., die ...
Dativ:	..., dem ...	..., dem ...	..., der ...	..., **denen** ...

Die Relativpronomen und die bestimmten Artikel sind gleich. Im Dativ Plural kommt die Endung **–en** an das Pronomen: **den + en → denen.**

B. 1.   (der Freund hat mir eine Karte geschickt)

   Der Freund, *der* mir eine Karte geschickt *hat,*   wohnt in Neustadt.

       (ich will den Freund besuchen)

   Der Freund, *den* ich besuchen *will,*   wohnt in Neustadt.

(ich habe dem Freund geschrieben)

Der Freund, *dem* ich geschrieben *habe,*   wohnt in Neustadt.

2.   (ich muß mich von der Grippe erholen)

Ich hatte eine Grippe, *von der* ich mich erholen *muß.*

(ich habe mich *mit den* Freunden verabredet)

Dort sind meine Freunde, *mit denen* ich mich verabredet *habe.*

Der Relativsatz erklärt ein Nomen. Er ist ein Attributsatz. Das Relativpronomen zeigt an seiner Form seine Funktion im Relativsatz (Nominativ, Akkusativ, Dativ, präpositionales Objekt).

Der Relativsatz steht meist hinter dem Nomen, das er erklärt. Ein Partizip Perfekt, ein Infinitiv oder der Verbzusatz kann aber zwischen dem Nomen und dem Relativsatz stehen: Georg hat die Frau gekannt, die mit dem Reporter sprach.

Übung 3

1. Das Kleid gehört Gisela. – Das Kleid ist im Schrank.
   Das Kleid, das im Schrank ist, gehört Gisela.

   der Mantel – das Kostüm – die Wäsche – der Hut – die Schuhe – die Bücher – die Handschuhe – die Tasche – die Blusen – die Pullover

2. Die Stadt war sehr interessant. – Wir haben die Stadt gesehen.
   Die Stadt, die wir gesehen haben, war sehr interessant.

   der Film – das Bild – der Prospekt – der Dom – die Kirchen – die Schlösser – das Museum – der Hafen – die Leute – die Bücher

3. Ich denke an meinen Freund. – Ich habe meinem Freund lange nicht geschrieben.
   Ich denke an meinen Freund, dem ich lange nicht geschrieben habe.

   mein Vater – meine Mutter – meine Tante – Erika – Richard – meine Eltern – meine Geschwister – die netten Studenten – meine Freunde in Bonn

4. Er besucht einen Freund. – Er hat für den Freund ein Geschenk gekauft.
   Er besucht einen Freund, für den er ein Geschenk gekauft hat.

   ein Professor – Frau Becker – seine alte Lehrerin – Herr Braun – sein Onkel – seine Großeltern – seine Geschwister – ein Student

5. Er hat den Unfall gesehen. – Wir haben nur von dem Unfall gehört.
Er hat den Unfall gesehen, von dem wir nur gehört haben.

der Film – die interessante Stadt – der Kölner Dom – der neue Wagen von Erika – die hohen Berge – viele Städte – bekannte Filmschauspieler

Übung 4   *Bilden Sie Relativsätze!*

Das Buch gehört mir. (Das Buch liegt auf dem Tisch): Das Buch, das auf dem Tisch liegt, gehört mir.

1. Mein Freund hat mir Zeitungen geschickt. (Mein Freund wohnt in Neustadt) **2.** Das Bild war im Prospekt. (Das Bild hat mir sehr gut gefallen) **3.** Der Dieb hat der Frau das Geld gestohlen. (Das Geld war in ihrer Tasche) **4.** Der Professor sprach mit den Studenten. (Die Studenten kamen aus einer Vorlesung) **5.** Der Mann trug eine Brille. (Fußgänger haben den Mann beobachtet) **6.** Das Kind wollte die Straße überqueren. (Der Fahrer hatte das Kind zu spät gesehen) **7.** Die Zimmerangebote sind günstig. (Mein Freund hat mir die Zimmerangebote geschickt) **8.** Das Freibad ist ganz neu. (Es ist in der Nähe der Parkstraße) **9.** Hoffentlich kommt mein Freund. (Ich habe ihn lange nicht gesehen) **10.** Herr Bergmeier hat sofort geantwortet. (Richard hat Herrn Bergmeier einen Brief geschrieben) **11.** Er arbeitet bei seinem Vater. (Das Schreibwarengeschäft in der Hauptstraße gehört dem Vater) **12.** Die Touristen kommen immer wieder nach Neustadt. (Es gefällt den Touristen dort) **13.** Viele Leute machen eine Kur. (Es geht den Leuten nicht gut) **14.** Morgen kommt mein Freund. (Ich habe meinem Freund ein Zimmer gesucht) **15.** Herr Bergmeier spricht mit seiner Freundin. (Er will Richard seiner Freundin vorstellen) **16.** Da kommen ja Walter und Erika. (Wir haben auf Walter und Erika gewartet) **17.** Hier kann man schöne Wanderungen machen. (Ich begleite Sie gern auf den Wanderungen) **18.** Ich schicke Ihnen eine Zeitung. (Sie können in der Zeitung eine Anzeige aufgeben) **19.** Ich danke Ihnen für Ihre nette Karte. (Ich habe mich über die Karte sehr gefreut) **20.** Hier gibt es einige gute Geschäfte. (Die Touristen kaufen gern in den Geschäften ein)

Wie schreiben wir einen Brief?

Wir fangen den Brief mit einer Anrede an und hören mit einer Grußformel auf:

1. *Wir sind mit dem Empfänger verwandt, befreundet oder gut bekannt:*

Liebe Tante! Lieber Onkel Karl!
Liebe Erika! Lieber Herr Müller!
– *besonders herzlich:* Meine liebe Tante!
Mein lieber Freund!

Mit herzlichem Gruß – Mit vielen herzlichen Grüßen – Mit freundlichem Gruß
– *und dann immer:* Dein Michael –
Ihr Michael Meier – *oder:* Herzliche Grüße von Deinem (Ihrem) Michael (Meier)

2. *Wir wollen dem Empfänger unsere besondere Achtung ausdrücken:*

Sehr verehrter Herr Direktor! Mit vorzüglicher Hochachtung –
Sehr verehrte gnädige Frau! Mit verbindlichen Empfehlungen –
Sehr verehrtes Fräulein Braun! *und dann:* Ihr sehr ergebener Michael
Meier – Ihre ergebene Erika Braun

3. *Wir kennen den Empfänger nicht oder nicht sehr gut:*

Sehr geehrte Frau Becker! – Sehr geehrter Mit freundlichem Gruß! – Mit vielen
Herr Dr. Bauer! – Sehr geehrter Herr Pro- Grüßen! – Mit besten Grüßen! – Mit
fessor! *(nie nur „Herr"* ohne *Namen* freundlichen Empfehlungen! *und dann*
oder *Titel) – Bei mehreren Empfängern:* *nur die Unterschrift:*
Sehr geehrte Herren! Michael Meier

4. *Im Geschäftsverkehr schreiben wir:*

zuerst den Grund, z. B.: betr.: Studien- Mit besten Empfehlungen! –
aufenthalt in Köln; *dann Hinweis, z. B.:* Hochachtungsvoll! *und dann nur die*
bez.: Ihr Brief vom 2. 7. *oder* Ihre An- *Unterschrift.*
zeige in der . . . . . Zeitung, *und dann wie*
unter 3.

5. *An Behörden schreiben wir:*

wie unter 4., aber ohne Anrede *ohne jede Formel, nur die Unterschrift.*

ZU MIETEN GESUCHT	**ZU VERMIETEN**
Jung. Akademiker, ledig, sucht von Privat preisw. 1–2-Zimmer-Whg, leer, mit Tel. u. Garage in Mchn-Süd; Tel. 715756	In uns. mod. Wohnanlage sind einige gut möbl. **Einzel- und Doppel-Zi.** frei; eign. Dusche und WC, Fernhzg., Küche in jd. Stock. Gute Lage u. Verkehrsverb. Anfragen an DOBA, Tel. 293949/14
Für uns. Techniker suchen wir möbl. Zimmer, möglichst m. Tel. in Mü-West. Angebot an FOTO-BAUER, Tel. 567738	**Vermiete möbl. Doppelzimmer** mit Bad- u. Kch.-Ben. an ruhig. Ehepaar ohne Kind. DM 220 + Hzg. BERGER, Tel. 560225
Jg. Paar sucht z. 1. 1. im Zentr. 2 – 2½ Zi-Whg, bis DM 500 einschl. Nebenkst. T. 239658	**1-Zimmer-Wohnung** m. eig. Eingang, kl. Bad u. Kochnische leer, DM 200 + Nebenk. sofort zu verm. Anfragen beim Hausmeister, Talstr. 40
Suche **nettes Haus,** 4–5 Zi. im Südwst.; mögl. m. Garten. Angeb. mit genauen Angaben, auch d. Nebenkst. und Kaution an Fehn, Bahnhofstr. 32, 8100 Garmisch	**Sie suchen ein Zimmer!** Rufen Sie uns an! MÜWO, 365948

Karl ist mein Freund.	Ich bin	*mit* ihm	*befreundet.*
Hans ist mein Vetter (Neffe usw.).	Ich bin	*mit* ihm	*verwandt.*
Ich kenne Robert gut.	Ich bin gut	*mit* ihm	*bekannt.*
Herr und Frau Braun sind ein Ehepaar.	Herr B. ist	*mit* Frau B.	*verheiratet.*

doppelt: zweimal: ich habe dieses Foto *doppelt* – das *Doppel*zimmer (für zwei)

einzeln: drei *einzelne* Markstücke – das *Einzel*zimmer (für eine *einzelne* Person)

ein Paar: zwei gehören zusammen: ein *Paar* Schuhe, ein Ehe*paar*

eigen: ein *eig(e)ner* Eingang – eine *eig(e)ne* Wohnung

alle – viele – mehrere – einige – ein paar – wenige – keine

alle großen Städte,   *keine* großen Städte

viele (mehrere, einige, ein paar, wenige)   große Städte

betr.: betreffend, der Brief betrifft	betreffen – betraf – betroffen
bez.: bezüglich, der Brief bezieht sich auf	beziehen - bezog – bezogen

---

Übung 5   *Setzen Sie die Adjektive ein!*

1. lang: seit . . . . . Zeit – das war eine . . . . . Zeit – vor . . . . . Zeit – nach . . . . . Zeit

2. grün: . . . . . Salat – Nudeln mit . . . . . Salat – ich esse gern . . . . . Salat

3. stark: ich trinke . . . . . Kaffee – bei . . . . . Nebel fahre ich nicht – ein . . . . . Mann

4. bekannt: ein . . . . . Museum – . . . . . Museen – eine . . . . . Stadt – ein . . . . . Schauspieler – mehrere . . . . . Professoren – alle . . . . . Leute – ein paar . . . . . Reporter

5. international: ein . . . . . Institut – viele . . . . . Institute – auf einem . . . . . Flugplatz – bei einigen . . . . . Messen – bei allen . . . . . Messen

6. eigen: sie hat ein . . . . . Zimmer – Zimmer mit . . . . . Eingang – meine . . . . . Wohnung

7. gut, alt: mein . . . . . Freund – ich habe ein paar . . . . . Freunde – unser . . . . . Hausmeister – die . . . . . Zeit – meine . . . . . Tante

Übung 6   *Setzen Sie Adjektive wie* deutsch, französisch, polnisch, ausländisch *usw. ein!*

1. Wohnt bei Ihnen ein . . . . . Student oder eine . . . . . Studentin? – Heute treffen wir viele . . . . . Studenten. – Sind die . . . . . Studenten schon hier? – Ja, alle . . . . . Studenten sind gekommen. – Rita kennt einige . . . . . Studenten. – Fritz findet alle . . . . . Mädchen sehr nett. – Ich fahre mit ein paar . . . . . Freunden weg.

2. Wie finden Sie . . . . . Wein, ... Käse, ... Wurst? – Ich freue mich über . . . . . Wein, ... Bier, ... Brot. – . . . . . Kaffee ist anders als . . . . . Kaffee. – Wie finden Sie die . . . . . Küche?

3. Waren Sie schon einmal in einem ..... Museum, einer ..... Weinstube, einem ..... Restaurant? – Heute gehe ich zu einer ..... Familie, zu meinen ..... Freunden. – Ich habe einige ..... Freunde, aber keine ..... Freunde. – Hast du viele ..... Freunde? – Hoffentlich haben alle ..... Studenten viele Freunde.

Übung 7 *Bilden Sie Relativsätze!*

Der Ausländer konnte das Formular nicht ausfüllen. (Der Beamte hatte es ihm gegeben.) – Der Ausländer konnte das Formular nicht ausfüllen, das der Beamte ihm gegeben hatte.

---

1. Peter hat die Bücher bekommen. (Rita hatte sie ihm versprochen.) **2.** Walter lehnt die Zigarette ab. (Herr Braun bietet sie ihm an.) **3.** Aber der Kaffee schmeckt ihm sehr gut. (Frau Braun hat ihn gekocht.) **4.** Erich stand an der Zollabfertigung. (Er hatte auf Robert gewartet.) **5.** Das Flugzeug hatte Verspätung. (Robert kam mit dem Flugzeug.) **6.** Die Leute waren sehr aufgeregt. (Erich hat mit ihnen gesprochen.) **7.** Der Autofahrer hat noch großes Glück gehabt. (Er hatte einen Unfall.) **8.** Er konnte mit seinem Wagen weiterfahren. (Dem Wagen war nicht viel passiert.) **9.** Dort drüben gehen ein paar Studenten. (Ich muß mich noch von ihnen verabschieden.) **10.** Der Elefant hat aus dem Eimer getrunken. (Der Wärter hatte Whisky in den Eimer geschüttet.) **11.** Fritz geht heute mit mir zu Frau Becker. (Ich habe ihm viel von ihr erzählt.) – (Ich habe ihr schon viel von ihm erzählt.)

Übung 8 *Ergänzen Sie die Sätze durch einen Relativsatz!*

Der blaue PKW gehört einem Filmschauspieler. – Dort steht der blaue PKW, der einem Filmschauspieler gehört. – Kennst du den Filmschauspieler, dem der blaue PKW gehört?

---

1. Peter hat den Kindern Schokolade mitgebracht. – Wo sind denn die Kinder, ...? – Haben die Kinder die Schokolade gegessen, ...?

2. Ein Student hat den Touristen die Stadt gezeigt. – War es ein ausländischer Student, ...? – Jetzt sind die Touristen abgefahren, ...

3. Der Briefträger hat Herrn Bergmeier eine Karte gebracht. – War das der alte Briefträger, ...? – War es wirklich Herr Bergmeier, ...? – Kam die Karte, ..., von Richard oder von seiner Freundin?

4. Richards Freund hat ihn auf das Zimmer in der Parkstraße hingewiesen. – Kennt der Freund das Zimmer in der Parkstraße, ...?

ANHANG

Überblick über die Grammatik

WORTARTEN und WORTFORMEN

1. Verb:

schwache Verben: *lernen, fragen* usw.
untrennbare Verben: *verkaufen, erklären* usw.
trennbare Verben: *einkaufen, aufräumen* usw.
starke Verben: *nehmen, kommen* usw.
untrennbare Verben: *bekommen, erschrecken* usw.
trennbare Verben: *einsteigen, abfahren* usw.
unregelmäßige Verben: *wissen*
Modalverben: *können, wollen, müssen* usw.
Rektion: *Ich frage den Lehrer. Der Lehrer antwortet dem Kind. Der Lehrer gibt dem Schüler das Buch. Wir bitten den Lehrer um ein Buch. Karl dankt dem Vater für das Paket.*
Personalformen: *ich gehe, du gehst, er geht, wir gehen, ihr geht, sie gehen*
Zeitformen:
Präsens: *ich lerne* usw.
Präteritum: *ich lernte* usw., *ich kam* usw.
Perfekt: *ich habe gelernt* usw., *ich bin gekommen* usw.
Plusquamperfekt: *ich hatte gelernt* usw., *ich war gekommen* usw.

2. Nomen:

Singular- und Pluralformen: *der Vater, die Väter; das Kind, die Kinder, die Frau, die Frauen* usw.
Deklinationsformen: *des Vaters, des Kindes, den Schülern* usw.

3. Pronomen:

Personalpronomen: *ich, du, er, es, sie; wir, ihr, sie; Sie*
Reflexivpronomen: *sich*
Demonstrativpronomen: *der, das, die; dieser, dieses, diese*
Artikel: *der, das, die*
Relativpronomen: *der, das, die*
Fragepronomen: *wer?, was?*
Possessivpronomen: *mein, dein, sein, ihr, unser, euer, ihr; Ihr*

Singular- und Pluralformen: *der — die, das — die, die — die; dieser — diese; die-*
ses — diese; diese — diese;
mein — meine; dein — deine, sein — seine usw.
Deklinationsformen: *ich, mich, mir; du, dich, dir, er, ihn, ihm* usw.
der, den, dem, des; das, dem, des usw.
dessen, deren usw.
wer?, wen?, wem?, wessen?

4. Adjektiv: *schnell, gut, fleißig* usw.
Zahladjektiv: *ein(s), zwei, drei, vier* usw.; *der erste, zweite* usw.
Artikel: *ein, eine*
Deklinationsformen: *der fleißige Schüler, ein fleißiger Schüler, rotes Licht; der Be-*
sitzer zweier Häuser usw.

5. Adverb: *heute, bald, hier, dort* usw.

6. Präposition: *durch, mit, über, trotz* usw.
Rektion: *durch den Garten; mit dem Auto; in dem Zimmer, in das Zimmer; trotz der*
Schwierigkeiten usw.

7. Konjunktion:
außerhalb des Satzverbands: *und, oder, aber, sondern, denn*
zur Bezeichnung von Nebensätzen: *weil, wenn*

SATZ

1. Grundform: Frage ohne Fragewort

PERSONAL- FORM		VERBZUSATZ INFINITIV PART. PERF.	
Kommt	der Lehrer jetzt in die Schule		?
Fährt	der Zug um 5 Uhr von Köln	*ab*	?
Willst	du mit Peter nach Berlin	*fahren*	?
Hat	der Lehrer dem Schüler das Buch	*gegeben*	?

2. Aussagesatz:

	PERSONAL- FORM		VERBZUSATZ INFINITIV PART. PERF.	
Der Lehrer	*kommt*	.... jetzt in die Schule		.
Jetzt	*kommt*	der Lehrer ...... in die Schule		.
Der Zug	*fährt*	.... um 5 Uhr von Köln	*ab*	.
Um 5 Uhr	*fährt*	der Zug .... von Köln	*ab*	.
Du	*willst*	.... mit Peter nach Berlin	*fahren*	.
Der Lehrer	*hat*	.... dem Schüler das Buch	*gegeben*	.

3. Fragesatz mit Fragewort:

Wer	*kommt*	jetzt in die Schule		?
Wann	*fährt*	der Zug von Köln ab	*ab*	?
Mit wem	*willst*	du nach Frankfurt	*fahren*	?
Was	*hat*	der Lehrer dem Schüler	*gegeben*	?

4. Gliedsatz

Grundform:

PERSONALFORM

Hat	der Zug in Mainz lange Aufenthalt		?
Hat	ihn dein Onkel gestern	*besucht*	?
Fährt	der Zug pünktlich vom Bahnhof	*ab*	?
Will	Robert in München Medizin	*studieren*	?

Gliedsatz:

KONJUNKTION   PERSONALFORM

. . . . . ,	*weil*	der Zug in Mainz lange Aufenthalt		*hat*	.
. . . . . ,	*weil*	ihn sein Onkel gestern	*besucht*	*hat*	.
. . . . . ,	*weil*	der Zug pünktlich vom Bahnhof	*ab-*	*fährt*	.
. . . . . ,	*weil*	Robert in München Medizin	*studieren*	*will*	.

5. Satzglied

1. Subjekt: *Der Lehrer fragt den Schüler.*
2. Objekt: *Der Lehrer fragt den Schüler. Der Lehrer gibt dem Schüler das Buch.*
   Wir danken dir für das Geschenk. Ich bitte dich um das Buch.

6. Attribut

1. vor dem Gliedkern: *der fleißige Schüler ; mein gutes Buch ; alter Wein*
2. hinter dem Gliedkern: *das Haus dort hinten ; der Wald am Rand der Stadt ; das Auto meines Vaters*

7. Attributsatz (Relativsatz)

RELATIVPRONOMEN   PERSONALFORM

. . . . . ,	*der*	mich neulich um Geld	*gebeten*	*hat,*
. . . . . ,	*den*	du bei mir zu Hause	*gesehen*	*hast,*
. . . . . ,	*dem*	ich 10 Mark	*gegeben*	*habe,*
. . . . . ,	*für den*	ich das Buch	*bezahlt*	*habe,*
. . . . . ,	*mit dem*	du am Sonntag	*gesprochen*	*hast,*
. . . . . ,	*das*	uns gestern	*besucht*	*hat,*

171

. . . . . ,	*das*	wir in der Schule	*gesehen*	*haben,*
. . . . . ,	*dem*	du Schokolade	*geschenkt*	*hast,*
. . . . . ,	*mit dem*	wir auf der Straße		*sprachen,*
. . . . . ,	*die*	in der Gartenstraße		*wohnt,*
. . . . . ,	*die*	du immer freundlich		*grüßt,*
. . . . . ,	*der*	mein Bruder	*geholfen*	*hat,*
. . . . . ,	*bei der*	zwei Studenten		*wohnen,*
. . . . . ,	*die*	hier in der Fabrik		*arbeiten,*
. . . . . ,	*denen*	ihr einen Brief	*geschrieben*	*habt,*

172

Wichtige starke und unregelmäßige Verben

Vorbemerkung

Diese Liste enthält die Stammformen der wichtigsten starken und unregelmäßigen Verben. Die meisten Verben können mit Vorsilben verbunden werden. Solche Vorsilben sind:

ab-	ein-	heim-	um-
abwärts-	einander-	her-	unter-
an-	ent-	herein-	ver-
auf-	entgegen-	hier-	voll-
aufwärts-	entlang-	hin-	vor-
aus-	emp-	hinaus-	weg-
be-	empor-	hinter-	wider-
bei-	er-	los-	wieder-
da-	fort-	miß-	zer-
daran-	für-	mit-	zu-
darauf-	ge-	nach-	zurück-
draußen-	gegenüber-	nahe-	zusammen-
durch-	gleich-	über-	zwischen-

Manche Verben können auch zwei Vorsilben haben, z. B.: kaufen, verkaufen, ausverkaufen.

Verben in alphabetischer Ordnung

Infinitiv (3. Pers. Präsens)	*Präteritum (Konj. II)*	*Part. Perfekt*
befehlen (befiehlt)	befahl (befähle)	befohlen
beginnen	begann (begänne)	begonnen
bewegen	bewog (bewöge)	bewogen
biegen	bog (böge)	gebogen
bieten	bot (böte)	geboten
binden	band (bände)	gebunden
bitten	bat (bäte)	gebeten
blasen (bläst)	blies	geblasen
bleiben	blieb	ist geblieben
braten (brät, bratet)	briet	gebraten
brechen (bricht)	brach (bräche)	gebrochen
brennen	brannte (brennte)	gebrannt
bringen	brachte (brächte)	gebracht

Infinitiv (3. Pers. Präsens)	Präteritum (Konj. II)	Part. Perfekt
denken	dachte (dächte)	gedacht
dringen	drang (dränge)	hat, ist gedrungen
dürfen * (darf)	durfte (dürfte)	gedurft
empfehlen (empfiehlt)	empfahl (empfähle)	empfohlen
essen (ißt)	aß (äße)	gegessen
fahren (fährt)	fuhr (führe)	ist, hat gefahren
fallen (fällt)	fiel	ist gefallen
fangen (fängt)	fing	gefangen
finden	fand (fände)	gefunden
fliegen	flog (flöge)	ist, hat geflogen
fliehen	floh (flöhe)	ist geflohen
fließen	floß (flösse)	ist geflossen
frieren	fror (fröre)	hat, ist gefroren
geben (gibt)	gab (gäbe)	gegeben
gehen	ging	ist gegangen
gelingen	gelang (gelänge)	ist gelungen
gelten (gilt)	galt (gälte)	gegolten
genießen	genoß (genösse)	genossen
geschehen (geschieht)	geschah (geschähe)	ist geschehen
gewinnen	gewann (gewönne)	gewonnen
gießen	goß (gösse)	gegossen
gleichen	glich	geglichen
graben (gräbt)	grub (grübe)	gegraben
greifen	griff	gegriffen
haben (du hast, er hat)	hatte (hätte)	gehabt
halten (hält)	hielt	gehalten
hängen	hing	gehangen
heben	hob (höbe)	gehoben
heißen	hieß	geheißen
helfen (hilft)	half (hülfe)	geholfen
kennen	kannte (kennte)	gekannt
klingen	klang (klänge)	geklungen
kommen	kam (käme)	ist gekommen
können * (kann)	konnte (könnte)	gekonnt
laden (lädt)	lud (lüde)	geladen
lassen (läßt)	ließ	gelassen
laufen (läuft)	lief	ist gelaufen

* Die mit * versehenen Verben sind Modalverben.

Infinitiv (3. Pers. Präsens)	*Präteritum (Konj. II)*	*Part. Perfekt*
leiden	litt	gelitten
leihen	lieh	geliehen
lesen (liest)	las (läse)	gelesen
liegen	lag (läge)	gelegen
lügen	log (löge)	gelogen
meiden	mied	gemieden
messen (mißt)	maß (mäße)	gemessen
mögen * (mag)	mochte (möchte)	gemocht
müssen * (muß)	mußte (müßte)	gemußt
nehmen (nimmt)	nahm (nähme)	genommen
nennen	nannte (nennte)	genannt
raten (rät)	riet	geraten
reiben	rieb	gerieben
reißen	riß	ist, hat gerissen
reiten	ritt	ist, hat geritten
rennen	rannte (rennte)	ist gerannt
riechen	roch (röche)	gerochen
ringen	rang (ränge)	gerungen
rufen	rief	gerufen
salzen	salzte	gesalzen
scheinen	schien	geschienen
schieben	schob (schöbe)	geschoben
schlafen (schläft)	schlief	geschlafen
schlagen (schlägt)	schlug (schlüge)	geschlagen
schließen	schloß (schlösse)	geschlossen
schneiden	schnitt	geschnitten
(er)schrecken (erschrickt)	erschrak (erschräke)	ist erschrocken
schreiben	schrieb	geschrieben
schreien	schrie	geschrieen
schreiten	schritt	geschritten
schweigen	schwieg	geschwiegen
schwimmen	schwamm (schwämme)	ist, hat geschwommen
schwinden	schwand (schwände)	ist geschwunden
schwingen	schwang (schwänge)	hat, ist geschwungen
schwören	schwur, schwor (schwüre)	geschworen
sehen (sieht)	sah (sähe)	gesehen
sein (ist)	war (wäre)	ist gewesen
singen	sang (sänge)	gesungen
sinken	sank (sänke)	ist gesunken

175

Infinitiv (3. Pers. Präsens)	Präteritum (Konj. II)	Part. Perfekt
sitzen	saß (säße)	gesessen
sollen * (soll)	sollte	gesollt
sprechen (spricht)	sprach (spräche)	gesprochen
springen	sprang (spränge)	ist gesprungen
stechen (sticht)	stach (stäche)	gestochen
stehen	stand (stünde)	gestanden
stehlen (stiehlt)	stahl (stähle)	gestohlen
steigen	stieg	ist gestiegen
sterben (stirbt)	starb (stürbe)	ist gestorben
stoßen (stößt)	stieß	gestoßen
streichen	strich	ist, hat gestrichen
streiten	stritt	gestritten
tragen (trägt)	trug (trüge)	getragen
treffen (trifft)	traf (träfe)	getroffen
treten (tritt)	trat (träte)	hat, ist getreten
trinken	trank (tränke)	getrunken
trügen	trog (tröge)	getrogen
tun (tut)	tat (täte)	getan
verderben (verdirbt)	verdarb (verdürbe)	verdorben
vergessen (vergißt)	vergaß (vergäße)	vergessen
verlieren	verlor (verlöre)	verloren
wachsen (wächst)	wuchs (wüchse)	ist gewachsen
waschen (wäscht)	wusch (wüsche)	gewaschen
werben (wirbt)	warb (würbe)	geworben
werden (wird)	wurde, ward (würde)	ist geworden
werfen (wirft)	warf (würfe)	geworfen
wiegen	wog (wöge)	gewogen
wissen (weiß)	wußte (wüßte)	gewußt
wollen * (will)	wollte	gewollt
(ver)zeihen	verzieh	verziehen
ziehen	zog (zöge)	hat, ist gezogen
zwingen	zwang (zwänge)	gezwungen

1 München, Ludwigstraße

2 München, Universität

3   Blick auf das Wettersteingebirge

4   Strand an der Lübecker Bucht

5 Frankfurt, Mainpanorama

6 Die Severinsbrücke in Köln

7 Hamburg, Blick auf Stadt und Hafen

8 Die Süderelbe bei Hamburg

9 Düsseldorf, Blick auf Stadt und Rhein

10 Düsseldorf, Thyssen-Hochhaus und Goldfingerbrunnen

11 Bonn, Bundeshaus

12 Autobahnauffahrt
    in München

13 Frankfurt,
    Berliner Straße

14 Autobahn
    Stuttgart-Ulm

15 Berlin (West), Neue Philharmonie

16 Berlin (West), Blick auf die Gedächtniskirche

17 Olympiagelände in München